Annemarie Wildeisen

Us em Chuchi-Chäschtli

MODEBLATT

Foto: Rudolf Hunziker, Kölliken

Äs Muul voll gueti Sache
Salate, Suppen und kleine Gerichte 6

Währschafti Choscht
Eintöpfe, Gebackenes und andere rustikale Spezialitäten 34

Us öise Seeä und Flüss
Fischgerichte 60

Äs guets Schtück Fleisch
Herzhafte Fleisch- und Wurstgerichte 72

Us em Gmüesgarte
Feine Gemüsemahlzeiten 118

Öppis Süesses für de Gluscht
Desserts und süsses Gebäck 144

Rezeptverzeichnis
Register 169

Vorwort

Bestimmt erinnern auch Sie sich an bestimmte Düfte aus Kindheitstagen. Diese können verschiedenster Herkunft sein, aber eine ganz wichtige Rolle spielen dabei die Küchendüfte. Ich erinnere mich zum Beispiel noch ganz genau an den Apfelwähenduft am Freitagmittag, an den exotischen Duft von Curry am Sonntag, wenn meine Mutter das heissgeliebte Geschnetzelte meines Vaters mit diesem damals «modernen» Gewürz zubereitete, aber auch an die schweren, süssen Zuckerdüfte, die an manchen Sommertagen durchs Haus zogen, wenn Konfitüren und Gelees eingekocht wurden.

Wohl jede Familienküche ist geprägt von Erinnerungen: In jeder Köchin, in jedem Koch kocht ein Stück weit – wenn auch meist unbewusst – die Grossmutter und die Mutter mit. Denn es sind immer die Mütter gewesen, die ihre Küche von Generation zu Generation weitergegeben haben, die kulinarische Traditionen geprägt und damit unseren Gaumen geformt haben. Und wenn später bei jedem von uns auch viele andere Kücheneinflüsse aus aller Welt hinzugekommen sind, sei es durch das Reisen oder die vielen multikulturellen Restaurants, die man inzwischen überall findet, so gehören doch manche Gerichte aus Kindertagen zu den unvergesslichen, zu denen, die Sehnsucht wecken, die Wärme und Geborgenheit vermitteln.

Ein Stück dieser kochkulturellen Wurzeln möchte auch dieses Buch wiederaufleben lassen. Ich habe dazu Rezepte aus der traditionellen Schweizer Familienküche zusammengetragen, wenn nötig etwas entschlackt und unserer Zeit angepasst, ohne ihnen jedoch den Charakter zu nehmen. Versierte Köchinnen und Köche finden eine reiche Auswahl an Kochideen für die Alltags- und unkomplizierte Gästeküche, jüngere Kochbegeisterte Gerichte mit Tradition, die es zu entdecken lohnt. Es sind meist einfache und vor allem praktische, aber auch abwechslungs- und kontrastreiche Rezepte mit Zutaten, wie man sie auf jedem Markt, in jedem Laden findet. Zum Teil widerspiegeln sie auch die Einflüsse veränderter Essgewohnheiten, anderer Küchen und neuer Zutaten, die seit jeher die «Schweizer Küche» geprägt haben und quasi dem eigenen Geschmack angepasst wurden. Jedes dieser Gerichte aber, ob einfach oder etwas aufwendiger, ob preiswert oder teurer, ob bodenständig oder elegant, ist in seiner Art einmalig – einmalig gut!

Annemarie Wildeisen

Pilzschnitten
Rezept auf Seite 18

Äs Muul voll gueti Sache
Salate, Suppen und kleine Gerichte

- 8 Toast mit Rührei und Tomaten
- 8 Zwiebeltoast mit Speck und Käse
- 10 Zwiebelsalat
- 11 Randensalat auf Vorrat
- 12 Rotkabis-Apfel-Salat
- 13 Rosenkohlsalat
- 14 Wurst-Käse-Salat mit Rettich
- 15 Teigwarensalat mit Thonsauce
- 16 Eiersalat mit Kresse und Portulak
- 16 Eier-Schinken-Toast
- 18 Eiergratin
- 18 Pilzschnitten
- 19 Käseschnitte mit Zwiebeln
- 20 Gefüllte Tomaten mit Thon
- 21 Schinkencroquetten
- 22 Schinkengipfeli
- 23 Schinken-Sulz-Terrine
- 24 Grossmutters Brotsuppe
- 25 Bündner Hirsesuppe
- 26 Spargelsuppe
- 27 Lauchsuppe mit Lachsschinken
- 28 Zwiebelcremesuppe
- 29 Griesssuppe
- 30 Pilz-Rahm-Suppe
- 31 Älplersuppe
- 32 Bouillon mit dreifarbigem Eierstich
- 33 Kartoffelsuppe mit Gemüse und Croûtons

Äs Muul voll gueti Sache

Toast mit Rührei und Tomaten

Ein Gericht mit Variationsmöglichkeiten: Anstelle von Schinken kann man die Rühreimasse auch mit frischen Kräutern oder geriebenem Käse bereichern. Wer die Tomaten warm mag, brät die Scheiben kurz in Butter und lässt die Salatblätter weg.

Für 4 Personen
Zubereiten: 10–15 Minuten

- 4 Eier
- 3–4 Esslöffel Rahm
- Salz, Pfeffer, Muskat
- 2 dünn geschnittene Scheiben Schinken
- 2 mittlere Tomaten
- 8 Kopfsalatblätter
- 8 Weiss- oder Toastbrotscheiben
- 2 Esslöffel Butter
- 1 Bund Schnittlauch

1 Die Eier mit dem Rahm verquirlen und mit Salz, Pfeffer sowie Muskat würzen.

2 Den Schinken in feine Streifchen schneiden und beifügen.

3 Die Tomaten in je vier Scheiben schneiden. Die Salatblätter waschen und sehr gut abtropfen lassen (evtl. auf einem sauberen Küchentuch).

4 Die Brotscheiben toasten (evtl. im Backofen).

5 Gleichzeitig in einer beschichteten Bratpfanne die Butter erhitzen. Die Eimasse hineingeben. Auf kleinem Feuer mit einem Spachtel langsam rühren und die Masse stocken lassen; sie soll noch leicht feucht sein.

6 Die Toasts mit je einem Salatblatt und einer Tomatenscheibe sowie etwas Rührei belegen. Den Schnittlauch mit einer Schere darüberschneiden. Die Toasts sofort servieren.

Zwiebeltoast mit Speck und Käse

Ein währschaftes Zwiebelgemüse, gewürzt mit Speck, Käse und Rahm, ist der Belag dieser im Ofen gebackenen Brotschnitten. Für besonders Hungrige gibt man nach dem Überbacken ein Spiegelei auf den Toast.

Für 4 Personen
Vorbereiten: etwa 20 Minuten
Backen: 12–15 Minuten

- 500 g Zwiebeln
- 125 g magere Bratspeckscheiben
- 1 Ei
- 1 dl Crème fraîche oder Doppelrahm
- 50 g geriebener Gruyère
- Salz, Pfeffer, Muskat
- 8 Weiss- oder Toastbrotscheiben
- 20 g Butter

1 Die Zwiebeln schälen, halbieren und in feine Streifen schneiden.

2 Zwei Scheiben Speck auf die Seite legen. Den restlichen Speck in Streifchen schneiden. In einer Bratpfanne ohne Fettzugabe knusprig braten.

3 Die Zwiebeln beigeben. Unter häufigem Wenden auf kleinem Feuer weich dünsten. Etwas abkühlen lassen.

4 In einer Schüssel Ei, Crème fraîche oder Doppelrahm sowie Gruyère verrühren. Die Zwiebeln beifügen und alles gut mischen. Mit Salz, Pfeffer und Muskat würzen.

5 Die Brotscheiben auf der einen Seite ganz dünn mit Butter bestreichen und mit dieser Seite nach oben auf ein Blech legen. Die Zwiebelmasse auf dem Brot verteilen und je mit einem Stückchen Speck belegen.

6 Die Brote auf der zweituntersten Rille des auf 220 Grad vorgeheizten Ofens während 12–15 Minuten golden überbacken.

Tip

Der Zwiebeltoast kann auch fleischlos zubereitet werden:
Anstelle von Speck kann man in feine Streifchen oder kleine Würfelchen geschnittene Rüebli – besonders originell: Pfälzer Rüebli – beifügen. Das Speckfett, in welchem die Zwiebeln gedünstet werden, ersetzt man durch Bratbutter.

Äs Muul voll gueti Sache

Zwiebelsalat

Für 4 Personen
Zubereiten: etwa 20 Minuten
Ziehen lassen:
mindestens 30 Minuten

4 grosse weisse Zwiebeln
3 Esslöffel Weissweinessig
2 Esslöffel Mayonnaise
¾ Esslöffel Senf
Salz, Pfeffer, Paprika
5 Esslöffel Öl

Der Zwiebelsalat passt gut auf einen Salatteller, ist aber auch eine originelle Beilage zu kaltem Braten, Fleischfondues, Siedfleisch oder Raclette. Der Salat kann gut vorbereitet werden, sollte jedoch innerhalb eines halben Tages genossen werden; nicht im Kühlschrank aufbewahren, sonst verliert er seinen würzigen Geschmack.

1 Die Zwiebeln schälen und in möglichst dünne Scheiben schneiden. In eine Schüssel geben.

2 Reichlich Wasser aufkochen und siedendheiss über die Zwiebeln geben. 10 Minuten stehen lassen. Dann das Wasser abgiessen und die Zwiebeln auf einem sauberen Küchentuch abtropfen lassen.

3 Aus Essig, Mayonnaise, Senf, Salz, Pfeffer, Paprika und Öl eine Sauce rühren. Die Zwiebeln beifügen und sorgfältig mischen. Vor dem Servieren mindestens ½ Stunde ziehen lassen.

Tip

Durch das Übergiessen der Zwiebeln mit heissem Wasser werden diese nicht nur mürbe, sondern sie verlieren auch den hervorstechenden, manchmal scharfen Geschmack der rohen Knolle. Besonders mild und leicht süsslich schmecken die roten Zwiebeln, welche vorwiegend aus Italien und den Balkanländern stammen. Ihre Farbe, aber auch ihr Aroma machen sie für einen Salat besonders attraktiv.

Randensalat auf Vorrat

Ergibt etwa 12 Portionen
Vorbereiten: etwa 15 Minuten
Kochen: 45–60 Minuten
Ziehen lassen:
mindestens 2 Tage

2 kg rohe, wenn möglich gleichmässig grosse Randen
1 kleines Stück Meerrettich
etwa 10 schwarze Pfefferkörner
7 dl Essig
5 dl Wasser
2 Lorbeerblätter
½ Teelöffel Zucker
1 Teelöffel Salz
ca. 2 dl Öl

Aus Grossmutters Einmach-Rezeptbuch: Randen werden nach dem Kochen lagenweise in ein grosses Einmachglas oder in einen Steinguttopf geschichtet, mit einem würzigen Essigsud übergossen und mit Öl bedeckt. Auf diese Weise lassen sie sich an einem kühlen Ort etwa vier Wochen lagern.

1 Die Randen waschen, jedoch weder schälen noch rüsten, damit der Saft der Früchte beim Kochen nicht ausläuft. In eine grosse Pfanne geben und knapp mit Wasser bedecken. Die Randen zugedeckt je nach Grösse während 45–60 Minuten nicht zu weich kochen. Abschütten und kalt abschrecken; nun lässt sich die Haut mühelos ablösen. Auskühlen lassen.

2 Die Randen in knapp ½ cm dicke Scheiben schneiden. Den Meerrettich schälen und dünn scheibeln. Beide lagenweise in ein grosses Einmachglas oder in einen Steinguttopf schichten.

3 Pfefferkörner grob zerdrücken. Zusammen mit Essig, Wasser, Lorbeerblättern, Zucker und Salz in eine Pfanne geben und einmal aufkochen, dann auskühlen lassen.

4 Soviel Sud über die Randen giessen, dass sie gut bedeckt sind. Dann etwa 1 cm hoch Öl darübergeben, damit die Randen von der Luft abgeschlossen sind. Das Glas oder den Topf verschliessen oder decken. Vor Verwendung mindestens zwei Tage ziehen lassen. Wichtig: Kühl aufbewahren und nach jeder Entnahme die Randen wieder gut mit Öl bedecken.

Äs Muul voll gueti Sache

Rotkabis-Apfel-Salat

Dieser auch optisch attraktive Rohkostsalat ist nicht nur eine originelle Vorspeise, sondern passt – zum Beispiel zusammen mit einem Kartoffelsalat – auch gut als Beilage zu warmen Schinkenspezialitäten, gebratenen Koteletts oder Würsten.

Für 4 Personen als Vorspeise oder Beilage
Zubereiten: etwa 15 Minuten
Ziehen lassen: mindestens 15 Minuten

ca. 300 g Rotkabis
2 kleine säuerliche Äpfel
Saft von ½ Zitrone (1)
½ Becher Joghurt nature (ca. 100 g)
½ Becher saurer Halbrahm (ca. 100 g)
Saft von ½ Zitrone (2)
1 Teelöffel Korianderpulver
Salz, schwarzer Pfeffer aus der Mühle

1 Die groben Strunkteile des Rotkabis entfernen. Das Gemüse in feine Streifchen schneiden.

2 Die Äpfel ungeschält vierteln. Das Kerngehäuse entfernen und die Früchte in feine Schnitzchen schneiden. Sofort mit dem Zitronensaft (1) mischen, damit sie sich nicht braun verfärben.

3 Joghurt, sauren Halbrahm, Zitronensaft (2), Korianderpulver, Salz und Pfeffer zu einer Sauce rühren. Mit dem Kabis und den Äpfeln mischen. Den Salat vor dem Servieren mindestens 15 Minuten ziehen lassen.

Tip

Wer einen etwas weniger knackigen Salat wünscht, übergiesst den geschnittenen Rotkabis mit kochendem Wasser und lässt ihn 10–15 Minuten stehen. Anschliessend sehr gut ausdrücken – am besten in einem sauberen Küchentuch – und nach Rezept weiterfahren. Nach Belieben kann man dem Salat eine Handvoll in heissem Wasser eingeweichte Rosinen beifügen.

Rosenkohlsalat

Rosenkohl ist ein beliebtes Wintergemüse, doch als Salat kennt ihn kaum jemand, vielleicht weil er dazu erst gekocht werden muss. Auch hier gilt wie bei vielen Gemüsesalaten: Möglichst frisch zubereitet geniessen, dann schmeckt er am würzigsten.

Für 4 Personen
Zubereiten: etwa 40 Minuten
Ziehen lassen: etwa 15 Minuten

500 g Rosenkohl
1 mittlere Zwiebel
100 g in Tranchen geschnittener Bratspeck
3 Esslöffel Rotweinessig
1 Teelöffel Senf
Salz, schwarzer Pfeffer aus der Mühle
5 Esslöffel Olivenöl oder halb Distel-, halb Baumnussöl
ca. 50 g Parmesan oder Sbrinz am Stück

1 Den Rosenkohl rüsten, dabei den Strunk kreuzweise einschneiden, damit das Gemüse gleichmässig gart. Zugedeckt in nicht zuviel Salzwasser oder in einem Siebeinsatz über Dampf weich kochen.

2 Inzwischen die Zwiebel schälen und fein hacken.

3 Den Speck in Streifchen schneiden. In einer Bratpfanne im eigenen Fett braten. Dann die Zwiebel beifügen und kurz mitrösten. Alles in eine Schüssel geben. Den gut abgetropften Rosenkohl beifügen.

4 Essig, Senf, Salz, Pfeffer und Öl zu einer Sauce rühren. Über den noch warmen Rosenkohl geben und sorgfältig mischen. Etwa 15 Minuten ziehen lassen.

5 Vor dem Servieren den Parmesan oder Sbrinz mit einem Sparschäler in Späne schneiden und über den Salat streuen.

Wurst-Käse-Salat mit Rettich

Rezepte für Wurst- und Käsesalate gibt es viele. Hier eine reichhaltige, jedoch erfrischende Variante mit Bierrettich, Radieschen und Gurke – genau das richtige für einen heissen Sommertag – die erst noch schnell zubereitet ist.

Für 4 Personen als Mahlzeit
Zubereiten: etwa 20 Minuten
Ziehen lassen: etwa 15 Minuten

- 1 Bierrettich
- 1 Bund Radieschen
- 1 Freilandgurke oder ½ Salatgurke
- 200 g Gruyère
- 250 g Lyoner
- 1 mittlere Zwiebel
- 1 Bund Petersilie
- 3 Esslöffel klare Bouillon (aus Instant-Produkt zubereitet)
- 3 Esslöffel Weissweinessig
- 1 Esslöffel scharfer Senf
- Salz, Pfeffer aus der Mühle
- 4 Esslöffel Öl
- 2 Esslöffel Crème fraîche oder Rahm

1 Den Rettich schälen und in Stifte schneiden. Die Radieschen rüsten und je nach Grösse in Viertel oder Achtel schneiden. Die Gurke waschen und ungeschält der Länge nach halbieren. Die Kerne und schwammiges Fleisch herauskratzen. Die Gurke in kleine Stengelchen schneiden. Den Gruyère und die Lyonerwurst ebenfalls in Stengelchen oder in Scheibchen schneiden.

2 Die Zwiebel schälen und fein hacken. Die Petersilie grob hacken. Zusammen mit allen vorbereiteten Zutaten in eine Schüssel geben.

3 Bouillon, Essig, Senf, Salz, Pfeffer, Öl und Crème fraîche oder Rahm mit einem Schwingbesen zu einer Sauce rühren. Über den Salat geben und alles sorgfältig mischen. Vor dem Servieren mindestens 15 Minuten durchziehen lassen. Wenn nötig nachwürzen.

Teigwarensalat mit Thonsauce

Das A und O zu einem feinen Teigwarensalat ist seine Sauce: Sie soll gehaltvoll und würzig schmecken, und es darf auch nicht zu wenig davon sein, damit die Teigwaren schön saftig bleiben.

Für 4 Personen
Zubereiten: etwa 20 Minuten
Ziehen lassen:
mindestens 15 Minuten

150 g Spiralen oder Cappelletti
1 rote oder 2 Frühlingszwiebeln
30 g Kapern
2 kleinere, wenn möglich verschiedenfarbige Peperoni
1 Eigelb
1 Teelöffel Senf
1 Esslöffel Zitronensaft
Salz, Pfeffer aus der Mühle
1 dl Öl
1 kleine Dose Thon
1½ dl Kaffee- oder Halbrahm
2 mittlere Tomaten

1 Die Teigwaren in reichlich siedendem Salzwasser knapp weich kochen. Abschütten und unter kaltem Wasser abschrecken, damit sie nicht zusammenkleben. Gut abtropfen lassen.

2 Während die Teigwaren kochen, die Zwiebel schälen und in feine Ringe schneiden. Die Kapern in ein Siebchen geben und kurz unter warmem Wasser abspülen. Die Peperoni halbieren, entkernen und in 3–4 cm lange, dünne Streifen schneiden. Alle Gemüse in eine Schüssel geben. Die Teigwaren beifügen.

3 Für die Sauce Eigelb, Senf, Zitronensaft, Salz und Pfeffer verrühren. Das Öl zunächst tropfenweise dazuschlagen, bis die Sauce dicklich bindet, dann in dünnem Faden dazurühren. Mit dem gut abgetropften Thon sowie dem Kaffee- oder Halbrahm im Mixer oder mit dem Stabmixer fein pürieren. Mit Salz und Pfeffer abschmecken. Über die Salatzutaten giessen und alles sorgfältig mischen. Vor dem Servieren mindestens 15 Minuten ziehen lassen.

4 Tomaten waschen, Stielansatz entfernen und die Früchte in Schnitze schneiden. Mit Salz und Pfeffer bestreuen und kurz ziehen lassen. Vor dem Servieren den Teigwarensalat damit garnieren.

Tip: Wer den Salat reichhaltiger wünscht, gibt in Streifen geschnittenen Schinken und Eiviertel dazu.

Eiersalat mit Kresse und Portulak

Für 4 Personen
Zubereiten: etwa 15 Minuten

8 Eier
3 Esslöffel Weissweinessig
1 Teelöffel Senf
Salz, schwarzer Pfeffer aus der Mühle
5 Esslöffel Öl
1 Esslöffel Kaffeerahm
50 g Kresse
50 g Portulak

Einfach, aber gut: Kresse und Portulak harmonieren geschmacklich und farblich gut mit diesem schnell zubereiteten Eiersalat. Dieser kann jedoch auch beliebig variiert werden: Schinken-, Rauchlachs- oder Lyonerstreifen, fein geschnittener Stangensellerie, Peperonistreifen, Tomatenschnitze, Maiskörner und manches andere mehr passen gut dazu.

1 Die Eier in eine Pfanne geben und mit Wasser bedecken. Aufkochen und ab Siedepunkt während 8 Minuten hart kochen. Sofort unter kaltem Wasser gut abkühlen. Dann schälen und in Scheiben schneiden. Dekorativ auf vier Tellern anrichten.

2 Während die Eier kochen, Essig, Senf, Salz, Pfeffer, Öl und Kaffeerahm zu einer Sauce rühren.

3 Kresse und Portulak kurz waschen und sehr gut abtropfen lassen. Dann je etwa ein Drittel der Kresse und des Portulaks fein hacken und mit der Sauce mischen. Mit der restlichen Kresse und dem Portulak die angerichteten Eier garnieren. Den Salat mit Sauce beträufeln und sofort servieren.

Eier-Schinken-Toast

Für 4 Personen
Zubereiten: etwa 20 Minuten
Überbacken: 5–8 Minuten

4 Eier
Sauce:
1 Schalotte
½ dl Sherry
½ dl Weisswein
5 weisse Pfefferkörner
1 Lorbeerblatt
3 Eigelb
75 g Butter
Salz, Cayennepfeffer
Zum Fertigstellen:
4 Scheiben Toastbrot
4 Scheiben Schinken

Eine würzige Hollandaise-Sauce, die mit Sherry parfümiert ist, überzieht diesen mit Schinkenscheiben und wachsweich gekochten Eiern belegten Toast. Im Frühling und Sommer kann der Toast nach Belieben zusätzlich auch mit einigen gekochten grünen oder weissen Spargelstangen (evtl. Reste vom Vortag) bereichert werden.

1 Den Backofen auf 250 Grad vorheizen.

2 Die Eier in eine Pfanne geben und mit Wasser bedecken. Aufkochen und ab Siedepunkt während 5 Minuten wachsweich kochen. Sofort kurz unter kaltem Wasser abschrecken, jedoch noch nicht schälen.

3 Während die Eier kochen, die Sauce vorbereiten: Die Schalotte schälen, halbieren und in feine Streifchen schneiden. Zusammen mit dem Sherry, dem Weisswein, den grob zerdrückten Pfefferkörnern und dem Lorbeerblatt in eine kleine Pfanne geben. Auf grossem Feuer gut zur Hälfte einkochen lassen. Den Sud absieben, dabei die Zutaten gut ausdrücken.

4 Den aufgefangenen Sud zusammen mit den Eigelb in einer Metallschüssel verrühren. Über einem heissen Wasserbad so lange kräftig aufschlagen, bis die Sauce zu binden beginnt. Nun nach und nach die Butter in Stücken darunterschwingen. Die Sauce mit Salz und Cayennepfeffer würzen. Beiseite stellen.

5 Die Brotscheiben leicht toasten. Mit je einer Scheibe Schinken belegen und in eine Gratinform oder Portionenschalen setzen. Die Eier schälen und auf die Schinkentoasts legen. Mit der Sauce überziehen.

6 Die Toasts sofort in der Mitte des 250 Grad heissen Ofens während 5–8 Minuten golden überbacken.

Eiersalat mit Kresse und Portulak

Eier-Schinken-Toast

Eiergratin
Rezept auf Seite 18

Eiergratin

Abbildung Seite 17

Für 4 Personen
Vorbereiten: etwa 30 Minuten
Überbacken: 12–15 Minuten

6 Eier
100 g Champignons
75 g dünn aufgeschnittener Parmaschinken
1 Schalotte
1 Esslöffel Butter
½ dl Crème fraîche oder Doppelrahm
1 Bund Basilikum
Salz, schwarzer Pfeffer aus der Mühle

Zum Überbacken:
½ dl Bouillon
1½ dl Rahm
50 g geriebener Sbrinz
Salz, Pfeffer aus der Mühle

Eihälften werden mit einer würzigen Füllung aus gehackten Champignons, Parmaschinken und Basilikum gefüllt und an einer leichten Käsesauce überbacken. Als Beilage passen Trockenreis, dünne Nudeln oder in Butter gebratene kleine Kartoffeln in der Schale.

1 Die Eier in eine Pfanne geben und mit Wasser bedecken. Aufkochen und ab Siedepunkt 5 Minuten wachsweich kochen. Dann sofort unter kaltem Wasser abschrecken.

2 Während die Eier kochen, die Champignons rüsten und klein würfeln. Den Parmaschinken in dünne, etwa 1 cm lange Streifchen schneiden.

3 Die Schalotte schälen und fein hacken. In einer beschichteten Bratpfanne in der warmen Butter goldgelb dünsten. Die Hitze höher stellen und die Champignons beifügen. Unter Wenden 3–4 Minuten braten, dabei entstehenden Pilzsaft vollständig verdampfen lassen. Etwas abkühlen lassen.

4 Die Eier schälen, der Länge nach halbieren und die Eigelb herauslösen. Diese mit der Crème fraîche oder dem Doppelrahm sowie dem Rohschinken unter die Champignons mischen. Das Basilikum fein hacken und beifügen. Die Füllung mit Salz und Pfeffer abschmecken. Bergartig in die Eihälften füllen. Diese in eine gut ausgebutterte Gratinform setzen.

5 Bouillon und Rahm in ein Pfännchen geben und 3–4 Minuten leicht einkochen lassen. Den Käse beifügen und die Sauce mit Salz sowie Pfeffer würzen. Über die Eier geben.

6 Den Eiergratin im auf 220 Grad vorgeheizten Ofen auf der zweituntersten Rille während 12–15 Minuten überbacken.

Pilzschnitten

Abbildung Seite 6

Für 4 Personen
Zubereiten: etwa 20 Minuten

je 200 g Champignons und Eierschwämmchen oder 400 g gemischte Pilze
1 Bund glattblättrige Petersilie
2–3 Esslöffel Butter
ca. 1 dl Bouillon oder Weisswein
Salz, schwarzer Pfeffer aus der Mühle
4 Scheiben Weiss- oder Bauernbrot
4 Scheiben Schinken

Nirgendwo schmecken Pilztoasts so gut wie zu Hause zubereitet. Dieses traditionelle Rezept kann man auch abwandeln: Die Pilzschnitten nicht nur mit Schinken-, sondern auch mit Käsescheiben belegen und im Ofen backen, bis der Käse geschmolzen ist; dann das Pilzragout darauf anrichten.

1 Die Pilze rüsten und je nach Grösse ganz belassen oder in Stücke schneiden.

2 Die Petersilie fein hacken.

3 Eine Bratpfanne leer erhitzen. Die Pilze hineingeben und unter Wenden kräftig anbraten; den entstehenden Saft vollständig verdampfen lassen. Gegen Schluss der Bratzeit einen Esslöffel Butter beifügen und kurz weiterbraten. Dann Bouillon oder Weisswein dazugiessen und die Pilze ungedeckt 5–8 Minuten kochen lassen. Das Pilzragout mit Salz und Pfeffer würzen und die Petersilie untermischen.

4 Während das Ragout kocht, in einer zweiten Pfanne in der restlichen Butter die Brotscheiben beidseitig kurz rösten. Auf Teller verteilen. Die Schinkenscheiben kurz im Bratsatz erhitzen und die Brotscheiben damit belegen. Das Pilzgemüse mitsamt der Flüssigkeit darauf anrichten; dadurch werden die gerösteten Brotscheiben mit köstlichem Jus getränkt.

Käseschnitte mit Zwiebeln

Für 4 Personen
Vorbereiten: etwa 25 Minuten
Backen: 8–10 Minuten

4 mittlere Zwiebeln
2 Esslöffel Butter (1)
8 Scheiben Toast- oder Weissbrot
20 g Butter (2)
ca. 1 dl Weisswein
200 g Gruyère
2 Eigelb
½ dl Rahm
Salz, Pfeffer, Muskat
2 Eiweiss

Käseschnitten sind ein typisch schweizerisches Gericht: Kaum eine Hausfrau, die nicht ihr eigenes Rezept für diese Spezialität hat. Hier eine besonders herzhafte Variante mit Zwiebeln. Nach Belieben kann man der Masse klein geschnittenen Schinken oder gehackte Kräuter beifügen.

1 Die Zwiebeln schälen und fein hacken. In einer weiten Pfanne in der warmen Butter (1) unter häufigem Wenden 5 Minuten dünsten. In eine Schüssel geben und etwas abkühlen lassen.

2 Inzwischen die Brotscheiben auf der einen Seite dünn mit Butter (2) bestreichen. Mit der Butterseite nach unten auf ein mit Backpapier belegtes Blech oder in eine Gratinform setzen. Mit dem Weisswein beträufeln.

3 Den Gruyère entrinden und fein reiben. Mit den Eigelb und dem Rahm zu den Zwiebeln geben, alles gut mischen und die Masse mit Salz, Pfeffer und Muskat würzen.

4 Unmittelbar vor dem Backen der Käseschnitten die Eiweiss mit einer Prise Salz steif schlagen. Unter die Käsemasse ziehen und diese auf den Brotscheiben verteilen.

5 Die Käseschnitten sofort in der Mitte des auf 220 Grad vorgeheizten Ofens backen, bis der Käse schmilzt und goldbraun ist (8–10 Minuten).

Gefüllte Tomaten mit Thon

Ein Klassiker aus der Vorratsküche: Im Sommer hat man immer ein paar Tomaten, einige Eier sowie ein Döschen Thon zur Hand. Daraus lässt sich im Handumdrehen ein feines kleines Essen zubereiten.

Für 4 Personen
Zubereiten: etwa 15 Minuten

4 Eier
8 mittlere Tomaten
Salz
1 kleine Dose Thon
1 Becher saurer Halbrahm (180 g)
1 Prise Cayennepfeffer
1 Bund Schnittlauch

1 Die Eier in eine Pfanne geben und mit Wasser bedecken. Aufkochen und ab Siedepunkt während 8 Minuten hart kochen. Sofort kalt abschrecken.

2 Während die Eier kochen, von den Tomaten einen Deckel wegschneiden und Kerne sowie Trennwände mit einem scharfkantigen Löffel herauskratzen. Das Tomateninnere mit etwas Salz ausstreuen. Die Früchte mit der Öffnung nach unten auf einem Kuchengitter oder auf Küchenpapier abtropfen lassen.

3 Den Thon auf Küchenpapier gut abtropfen lassen, in eine Schüssel geben und mit einer Gabel fein zerpflücken.

4 Die Eier schälen und klein würfeln. Zum Thon geben. Den sauren Halbrahm mit Salz sowie Cayennepfeffer verrühren und beifügen. Den Schnittlauch mit einer Schere dazuschneiden und alles gut mischen. In die Tomaten füllen und die Deckel wieder aufsetzen.

Als Beilage serviert man frisches Brot oder Gschwellti.

Schinkencroquetten

Ergibt 12 Stück
Zubereiten: etwa 25 Minuten

2 Scheiben Weissbrot oder
1 Weggli

1 dl Milch

400 g in Scheiben
geschnittener Schinken

1 mittlere Zwiebel

1 Knoblauchzehe

1 Bund Petersilie

1 Esslöffel Senf

1 Ei

Salz, schwarzer Pfeffer
aus der Mühle

etwas Mehl zum Wälzen
der Croquetten

Olivenöl oder Bratbutter
zum Braten

Früher waren Croquetten ein typisches Restenessen und wurden aus kaltem Braten, Siedfleisch oder Gemüse hergestellt. Hier eine besonders feine Variante, die natürlich nicht nur mit dem Übriggelassenen von einem Schüfeli, Rippli oder Beinschinken zubereitet werden kann, sondern mit Scheiben von gekochtem Schinken, wie es ihn heute überall zu kaufen gibt.

1 Das Brot oder Weggli in kleine Stücke zupfen, in eine Schüssel geben und mit der Milch beträufeln. Etwa 10 Minuten einweichen lassen.

2 Inzwischen den Schinken in Streifen schneiden. Mit dem Wiegemesser oder im Cutter sehr fein hacken.

3 Die Zwiebel und den Knoblauch schälen und zusammen mit der Petersilie ebenfalls fein hacken.

4 Das eingeweichte Brot ausdrücken und fein hacken. Mit allen übrigen vorbereiteten Zutaten in eine Schüssel geben. Den Senf und das Ei beifügen, mit wenig Salz, jedoch reichlich Pfeffer würzen und alles zu einer gut zusammenhängenden Masse verkneten. Aus dem Schinkenteig 12 Croquetten formen und in wenig Mehl wälzen.

5 In einer beschichteten Bratpfanne reichlich Olivenöl oder Bratbutter erhitzen. Die Croquetten langsam rundum hellbraun braten. Heiss oder lauwarm servieren.

Äs Muul voll gueti Sache

Schinkengipfeli

Selbstverständlich kann man auch gekauften Kuchen- oder Blätterteig für dieses beliebte Schinkengebäck verwenden.

Ergibt 8 Stück
Teig: 30–35 Minuten
Kühl stellen: etwa 30 Minuten
Füllung und Formen: 25–30 Minuten
Backen: etwa 20 Minuten

Teig:
150 g kleinere Kartoffeln, möglichst mehlig kochende Sorte, 125 g Magerquark, ca. 125 g Mehl, 50 g weiche Butter, 1 Ei, Salz, 1 Prise Muskatnuss

Füllung:
200 g in Scheiben geschnittener Schinken, 1 Bund Petersilie, 1 Schalotte, 1 Esslöffel Butter, 1 Esslöffel Rahm, schwarzer Pfeffer aus der Mühle

Zum Fertigstellen:
1 Eigelb, 1 Teelöffel Öl, nach Belieben etwas Kümmel zum Bestreuen

1 Kartoffeln in der Schale in nicht zu viel Wasser zugedeckt weich kochen. Noch warm schälen und durch ein Passevite treiben oder an der Bircherraffel fein reiben. Quark, Mehl, Butter, Ei, Salz und Muskat beifügen und alles rasch zu einem Teig kneten. Je nach Stärkegehalt der Kartoffeln muss noch etwas Mehl beigefügt werden, damit der Teig nicht zu feucht ist. In Klarsichtfolie gewickelt 30 Minuten kühl stellen.

2 In der Zwischenzeit Schinken und Petersilie fein hacken.

3 Schalotte schälen und ebenfalls sehr fein hacken. In einer Bratpfanne in der warmen Butter hellgelb dünsten. Schinken beifügen und kurz mitdünsten. In eine Schüssel geben. Petersilie und Rahm beifügen, die Masse mit Pfeffer würzen und alles gut mischen.

4 Den Teig auf der leicht bemehlten Arbeitsfläche nicht zu dünn auswallen. In vier Quadrate schneiden und diese einmal diagonal halbieren, so dass acht Dreiecke entstehen.

5 In die Mitte jedes Teigdreiecks etwas Füllung setzen. Von der breiten Seite her aufrollen. Die Enden leicht umbiegen und die Rollen zu Gipfeli formen. Auf ein mit Backpapier belegtes Blech setzen.

6 Eigelb und Öl verrühren und die Gipfeli damit bestreichen. Nach Belieben mit Kümmel bestreuen.

7 Die Schinkengipfeli im auf 200 Grad vorgeheizten Ofen auf der zweituntersten Rille während etwa 20 Minuten goldbraun backen. Heiss oder lauwarm servieren.

Schinken-Sulz-Terrine

Etwas Feines auf Vorrat: Diese gesulzte Terrine hält sich im Kühlschrank 5–6 Tage frisch. Sie kann sowohl ein kleines Essen – vielleicht mit einem gemischten Salat serviert – als auch attraktive Vorspeise sein.

Ergibt 8 Portionen
Zubereiten: etwa 20 Minuten
Kühl stellen: mindestens 4 Stunden

2 Schalotten
2 Knoblauchzehen
3 dl Weisswein
2 dl Wasser
2 Esslöffel Weissweinessig
2–3 Petersilien- oder Estragonzweige
8–10 schwarze Pfefferkörner
300 g in dünne Scheiben geschnittener Schinken
2 Bund Petersilie
2 Beutelchen Sulzpulver (für je ¼ Liter Sulz)

1 Die Schalotten schälen und in Streifen schneiden. Die Knoblauchzehen schälen und in Scheibchen schneiden. Beides mit dem Weisswein, dem Wasser, dem Essig, den Kräuterzweigen sowie den grob zerdrückten Pfefferkörnern in eine Pfanne geben. Aufkochen, dann auf kleinem Feuer 15 Minuten leise kochen lassen.

2 Inzwischen die Schinkenscheiben in kleine Vierecke schneiden. Die Petersilie fein hacken. Mit dem Schinken mischen.

3 Eine Terrinen- oder kleine Cakeform mit Klarsichtfolie auslegen; am besten geht dies, wenn man die Folie auf der einen Seite mit Wasser benetzt. Die Schinken-Petersilien-Mischung einfüllen.

4 Den Weissweinsud absieben und vier dl Flüssigkeit abmessen; wenn nötig mit etwas Weisswein oder Wasser ergänzen. Das Sulzpulver dazurühren und die Sulz nochmals vors Kochen bringen. Über den Schinken in die Form giessen. Auskühlen, dann im Kühlschrank während mindestens vier Stunden erstarren lassen.

5 Zum Servieren die Terrine aus der Form stürzen und in Scheiben schneiden. Mit frischem Brot und Butter servieren.

Grossmutters Brotsuppe

Aus der Not eine Tugend gemacht: Diese Suppe aus altbackenem Brot war einst eine Armeleutespeise, heute denkt man mit Nostalgie an diesen Suppentopf aus Grossmutters Zeit zurück, weil man ihn kaum mehr auf dem Tisch findet. Warum nicht, weiss eigentlich niemand – vor allem, wenn man diese reichhaltige Variante einmal ausprobiert hat!

Für 4 Personen als Mahlzeit
Für 6–8 Personen als Vorspeise
Zubereiten: etwa 50 Minuten

- 1 Rüebli
- ¼ kleine Sellerieknolle
- ½ Lauchstengel
- 1 mittlere Zwiebel
- 2 Knoblauchzehen
- 300 g altbackenes Brot
- 50 g Butter
- 2 dl Weisswein
- 1½ Liter Gemüsebouillon
- 1 Lorbeerblatt
- 1 Nelke
- 2 Petersilienzweige
- 2 Eigelb
- 2–3 Esslöffel Rahm
- Salz, Pfeffer
- 50 g geriebener Käse (z.B. Gruyère, Emmentaler oder ein Bergkäse)
- 1 Esslöffel gehackte Petersilie

1 Rüebli, Sellerie und Lauch rüsten und in kleine Stücke schneiden.

2 Zwiebel und Knoblauch schälen und fein hacken.

3 Das Brot in kleine Stücke schneiden oder brechen.

4 In einer grossen Pfanne die Butter schmelzen und die Brotstücke darin rösten. Einige schöne Scheibchen für die Garnitur herausnehmen. Dann das Gemüse, die Zwiebel und den Knoblauch beifügen und kurz mitdünsten. Mit dem Weisswein ablöschen. Die Bouillon dazugiessen. Das Lorbeerblatt mit der Nelke bestecken und mit den Petersilienzweigen beifügen. Die Suppe zugedeckt auf kleinem Feuer 30 Minuten leise kochen lassen.

5 Das Lorbeerblatt mit der Nelke entfernen. Die Suppe im Mixer oder mit dem Stabmixer pürieren.

6 Eigelb und Rahm verquirlen. Die Suppe nochmals sprudelnd zum Kochen bringen. Vom Feuer nehmen. Die Eigelbmischung dazurühren. Die Suppe mit Salz und Pfeffer abschmecken. In Teller anrichten, mit Käse sowie Petersilie bestreuen und mit den beiseite gelegten Brotscheibchen garnieren. Sofort servieren.

Bündner Hirsesuppe

Die Hirseflocken kennt man heute meist nur noch als Zutat für das Birchermüesli. Das ist schade, denn daraus lässt sich eine feine Cremesuppe zubereiten, die Grossmutters Suppentöpfen alle Ehre macht.

Für 6–8 Personen als Vorspeise
Zubereiten: etwa 20 Minuten

1 grosses Rüebli
1 Stück Knollensellerie, mengenmässig etwa dem Rüebli entsprechend
2 Esslöffel Butter
Salz, Pfeffer aus der Mühle
1 grosse Schalotte
40 g Hirseflocken
1 Liter Hühnerbouillon
½ dl Noilly Prat
40 g Bündnerfleisch
2 dl Rahm

1 Rüebli und Sellerie schälen und in kleinste Würfelchen schneiden. In einem Pfännchen in der Hälfte der Butter weich dünsten. Leicht würzen und beiseite stellen.

2 Die Schalotte schälen und fein hacken. In einer zweiten grösseren Pfanne in der restlichen Butter hellgelb dünsten. Hirseflocken, Bouillon und Noilly Prat beifügen. Die Suppe auf kleinem Feuer etwa 10 Minuten leise kochen lassen.

3 Inzwischen das Bündnerfleisch sehr klein würfeln. Zusammen mit dem Rahm zur Suppe geben und diese nochmals aufkochen. Mit Salz und Pfeffer abschmecken.

4 Die Suppe in vorgewärmte Tassen oder Suppenteller anrichten und die Rüebli-Sellerie-Mischung darübergeben. Sofort servieren.

Tip

Das Bündnerfleisch kann auch durch fein gewürfelte Reste eines Ripplis oder Schüfelis ersetzt werden, der Noilly Prat (französischer Wermut) durch einen Schuss trockenen Sherry oder Portwein.

Spargelsuppe

Für 4–6 Personen als Vorspeise
Zubereiten: etwa 40 Minuten

500 g weisse Spargeln
1 grosse Kartoffel
1 Frühlingszwiebel oder grosse Schalotte
1 Esslöffel Butter
7½ dl Hühner- oder Gemüsebouillon
½ dl Noilly Prat oder Weisswein
75 g Sbrinz am Stück
1 Bund Kerbel
1½ dl Crème fraîche oder Doppelrahm
Salz, schwarzer Pfeffer aus der Mühle

Eine typische Frühlingssuppe, welche früher aus Spargelabschnitten oder Resten eines Spargelessens zubereitet wurde. Besonders attraktiv sieht sie aus, wenn man als Einlage in die weisse Spargelsuppe die Spitzen grüner Spargeln gibt.

1 Spargeln grosszügig schälen. Spitzen abschneiden und beiseite legen. Restliche Spargeln in Stücke schneiden. Kartoffel schälen und klein würfeln.

2 Die Frühlingszwiebel mitsamt schönen Röhrchen hacken. In einer mittelgrossen Pfanne in der warmen Butter kurz andünsten.

3 Die Spargel- und Kartoffelstücke beifügen und mitdünsten. Mit der Bouillon und dem Noilly Prat ablöschen. Alles zugedeckt weich kochen.

4 Inzwischen Spargelspitzen in wenig Salzwasser oder in einem Siebeinsatz über Dampf knackig garen (5–8 Minuten). Der Länge nach halbieren.

5 Den Sbrinz nicht zu fein reiben. Die Kerbelblättchen von den Stielen zupfen.

6 Die Suppe im Mixer oder mit dem Stabmixer fein pürieren; wenn nötig durch ein Sieb passieren, um Spargelfäden zu entfernen.

7 Die Suppe nochmals aufkochen. Zwei Drittel des geriebenen Sbrinz sowie die Crème fraîche dazurühren. Mit Salz und Pfeffer abschmecken.

8 Die Spargelspitzen in vorgewärmte Suppentassen oder -teller verteilen und die heisse Suppe darübergeben. Mit restlichem Sbrinz und Kerbelblättchen bestreuen. Sofort servieren.

Lauchsuppe mit Lachsschinken

Für 4–6 Personen
als Vorspeise
Zubereiten: etwa 30 Minuten

500 g Lauch
1 mittlere Kartoffel
25 g Butter
7 dl Hühnerbouillon
80 g Lachsschinken
1 Bund Schnittlauch
1½ dl Rahm
50 g geriebener Gruyère
Salz, schwarzer Pfeffer aus der Mühle

Lachsschinken ist nicht Fisch, sondern wird aus dem Schweinsnierstück hergestellt. Ersetzt werden kann diese eher teure, aber sehr delikate Schinkenspezialität durch gekochten Schinken. Als fleischlose Variante empfiehlt sich die Beigabe von kleinsten in Butter gebratenen Kartoffelwürfelchen.

1 Den Lauch rüsten, waschen und in dünne Ringe schneiden. Die Kartoffel schälen und klein würfeln.

2 In einer mittleren Pfanne die Butter erhitzen. Den Lauch darin andünsten. Dann die Kartoffelwürfelchen und die Bouillon beifügen. Alles zugedeckt während etwa 15 Minuten kochen lassen.

3 Inzwischen den Lachsschinken in feine Streifchen, den Schnittlauch in Röllchen schneiden.

4 Etwa ein Drittel Lauch mit einer Schaumkelle herausheben. Den restlichen Lauch mitsamt Garflüssigkeit im Mixer oder mit dem Stabmixer fein pürieren. Den Rahm, den Käse und den herausgenommenen Lauch beifügen. Die Suppe noch einmal aufkochen und herzhaft mit Salz sowie Pfeffer würzen.

5 Die Suppe in Teller oder Tassen anrichten und mit dem Lachsschinken und dem Schnittlauch bestreuen.

Zwiebelcremesuppe

Für 4–6 Personen als Vorspeise
Zubereiten: etwa 30 Minuten

- 800 g Zwiebeln
- 2 Knoblauchzehen
- 2 Esslöffel Butter
- 7½ dl Hühnerbouillon
- 12 Cherry-Tomaten
- 1 Rosmarinzweig
- 75 g magere Bratspeckscheiben
- 1 Esslöffel Mehl
- 1½ dl Crème fraîche
- 2 Eigelb
- Salz, schwarzer Pfeffer aus der Mühle
- 1 Prise frisch geriebene Muskatnuss

Die Zwiebel ist nicht nur ein Gewürz für viele Fälle, sondern auch eigenständiges Gemüse. Hier kommt sie in Form einer samtenen Cremesuppe daher, attraktiv serviert mit Cherry-Tomaten und gerösteten Zwiebel-Speck-Streifen.

1 Zwiebeln schälen, halbieren und in Streifen schneiden. Ein Viertel der Zwiebeln für die Garnitur beiseite stellen. Knoblauch schälen und fein hacken.

2 In einer mittleren Pfanne die Butter erhitzen. Zwiebeln und Knoblauch darin unter Wenden 3–4 Minuten dünsten. Mit Bouillon ablöschen. Zugedeckt 15 Minuten kochen lassen.

3 Inzwischen die Cherry-Tomaten kurz in kochendes Wasser tauchen, schälen und halbieren. Die Rosmarinnadeln fein hacken.

4 Den Bratspeck in Streifchen schneiden. In einer Bratpfanne im eigenen Fett rösten. Die Zwiebeln für die Garnitur mit dem Mehl bestäuben und mit dem Rosmarin beifügen. Alles kurz mitrösten. Beiseite stellen.

5 Crème fraîche und Eigelb verrühren.

6 Die Zwiebelsuppe im Mixer oder mit dem Stabmixer fein pürieren. Nochmals sprudelnd aufkochen, dann vom Feuer ziehen. Die Rahm-Ei-Mischung dazurühren und die Suppe mit Salz, Pfeffer sowie Muskat abschmecken. Die Suppe nicht mehr kochen lassen, sonst gerinnt das Ei. Sofort in vorgewärmte Teller oder Tassen anrichten. Cherry-Tomaten sowie Zwiebel-Speck-Mischung darüber verteilen.

Griesssuppe

Für 4–6 Personen als Vorspeise
Zubereiten: etwa 25 Minuten

2 mittlere Rüebli
½ kleine Sellerieknolle
1 mittlerer Lauchstengel
30 g Butter
60 g Hartweizengriess
1 Liter Hühner- oder Gemüsebouillon
1 Bund Petersilie
1 dl Crème fraîche
Salz, Pfeffer, Muskat

Früher kam die Griesssuppe mindestens einmal wöchentlich auf den Tisch, heute ist sie leider in Vergessenheit geraten. Dabei ist ihre Zubereitung einfach und schnell und sie schmeckt immer noch ausgezeichnet.

1 Die Rüebli schälen und in dünne Scheibchen schneiden. Den Sellerie ebenfalls schälen; zuerst in Scheiben, dann in kleine Stifte schneiden. Den Lauch rüsten, waschen und in feine Ringe schneiden.

2 In einer mittleren Pfanne die Butter schmelzen. Den Griess darin anrösten. Das vorbereitete Gemüse beifügen und kurz mitdünsten. Mit der Bouillon ablöschen. Die Suppe aufkochen und zugedeckt auf kleinem Feuer 10–15 Minuten kochen lassen, bis das Gemüse gerade weich ist.

3 Inzwischen die Petersilie fein hacken.

4 Die Crème fraîche unter die Suppe rühren. Die Petersilie beifügen. Die Suppe mit Salz, Pfeffer und Muskat abschmecken.

Tip

Aus der Griesssuppe wird eine Maissuppe, wenn man fein gemahlenen Maisgriess verwendet. In diesem Fall ersetzt man Rüebli, Sellerie und Lauch durch klein gewürfelte Zucchetti, Peperoni und Tomaten; letztere werden erst kurz vor Schluss in die Suppe gegeben, damit sie nicht verkochen.

Pilz-Rahm-Suppe

Selbstverständlich kann man diese Suppe auch nur mit ein bis zwei Sorten Pilzen zubereiten. In diesem Fall die Pilzmenge der einzelnen Sorten erhöhen; 10 Gramm gedörrte Pilze entsprechen dabei etwa 100 Gramm frischen.

Für 6 Personen als Vorspeise
Einweichen: etwa 20 Minuten
Zubereiten: etwa 20 Minuten

- 15 g gedörrte Morcheln
- 10 g gedörrte Steinpilze
- 10 g gedörrte Totentrompeten
- 150 g frische Champignons
- 2 Schalotten, 1 Knoblauchzehe
- 40 g Butter
- 1 gehäufter Esslöffel Mehl
- 1 Liter Hühnerbouillon
- ¼ dl Noilly Prat (trockener französischer Wermut)
- 1 Bund Petersilie
- 1 Eigelb
- 1 dl Rahm
- Salz, schwarzer Pfeffer aus der Mühle
- frisch geriebene Muskatnuss

1 Alle Dörrpilze 20 Minuten in lauwarmem Wasser einweichen. Abschütten, unter kaltem Wasser gründlich spülen und gut abtropfen lassen. Dann die Pilze in kleine Stücke schneiden.

2 Champignons rüsten und scheibeln.

3 Schalotten und Knoblauch schälen und fein hacken. In einer mittleren Pfanne in der warmen Butter kurz dünsten.

4 Die Hitze höher stellen. Alle Pilze beifügen und anbraten; ziehen sie Saft, diesen vollständig verdampfen lassen. Dann das Mehl darüberstreuen und unter Rühren kurz mitdünsten. Bouillon sowie Noilly Prat dazugiessen und die Suppe aufkochen. 10 Minuten in der offenen Pfanne kräftig kochen lassen.

5 Inzwischen die Petersilie hacken. Eigelb, Rahm und die Hälfte der Petersilie verrühren. Restliche Petersilie für die Garnitur beiseite stellen.

6 Die Suppe nochmals sprudelnd aufkochen, dann vom Feuer nehmen. Eigelb-Rahm-Mischung dazurühren; die Suppe nicht mehr kochen lassen, sonst gerinnen die Eigelb. Mit Salz, Pfeffer und Muskat abschmecken.

7 Die Suppe in Suppentassen oder -tellern anrichten und mit der restlichen Petersilie bestreuen.

Älplersuppe

Für 4 Personen als Mahlzeit
für 6–8 Personen als Vorspeise
Zubereiten: etwa 45 Minuten

- 250 g Rüebli
- 1 Lauchstengel
- 250 g Kartoffeln
- 1 grosse Zwiebel
- 20 g Butter
- 8 dl Wasser
- 2 Fleisch- oder Gemüsebouillonwürfel
- 150 g Spinat
- 4 dl Milch
- 50 g Hörnli
- 1 dl Crème fraîche oder Doppelrahm
- Salz, Pfeffer aus der Mühle
- 100 g geriebener Gruyère

Früher wurden diese und ähnliche Suppen im Sommer von den Alphirten gekocht. Sie waren eigentlich eher Eintopf als Suppe und enthielten Zutaten, die im Augenblick der Zubereitung gerade zur Verfügung standen. Lassen Sie sich inspirieren und kreieren Sie Ihre eigene saisonale Älperminestrone!

1 Die Rüebli schälen und in Rädchen schneiden. Den Lauch rüsten und in Ringe schneiden. Die Kartoffeln schälen und klein würfeln. Die Zwiebel schälen und fein hacken.

2 In einer grossen Pfanne die Butter erhitzen. Die Zwiebel darin andünsten. Dann das vorbereitete Gemüse beifügen und kurz mitdünsten. Wasser und Bouillonwürfel beigeben. Die Suppe zugedeckt 20 Minuten leise kochen lassen.

3 Inzwischen den Spinat gründlich waschen und in Streifen schneiden.

4 Nach 20 Minuten Kochzeit den Spinat, die Milch und die Hörnli beifügen. Die Suppe weitere 10 Minuten kochen lassen.

5 Die Crème fraîche oder den Doppelrahm mit etwas Suppenflüssigkeit verrühren und beifügen. Die Suppe mit Salz und Pfeffer abschmecken. Noch so lange kochen lassen, bis die Hörnli weich sind.

6 Die Suppe in Teller oder Tassen anrichten. Etwas geriebenen Käse darübergeben und sofort servieren.

Äs Muul voll gueti Sache

Äs Muul voll gueti Sache

Bouillon mit dreifarbigem Eierstich

Für 6 Personen als Vorspeise
Zubereiten: etwa 30 Minuten

- 100 g tiefgekühlter Hackspinat
- 2½ dl Milch
- 4 Eier
- Salz
- 1 gehäufter Esslöffel Tomatenpüree
- 1 Messerspitze Safran
- 3 Gefrierbeutel
- 1½ Liter Hühner- oder Fleischbouillon, hausgemacht oder aus Würfeln zubereitet
- 1 Bund Schnittlauch

Eierstich wird aus einer Ei-Milch-Mischung zubereitet, die man im Wasserbad – ähnlich wie einen Pudding – stocken lässt und anschliessend in beliebige Formen schneidet. In diesem Rezept wird die Eimasse zusätzlich mit Spinat, Tomatenpüree und Safran attraktiv eingefärbt. Besonders gut schmeckt die Suppe natürlich, wenn man eine hausgemachte Bouillon zubereitet.

1 Den Hackspinat auftauen lassen. Dann in ein sauberes Tuch geben und gut auspressen.

2 Die Milch mit den Eiern und etwas Salz verquirlen. Je ein Drittel der Masse mit dem Spinat, dem Tomatenpüree und dem Safran verrühren. Die Mischungen getrennt in je einen Gefrierbeutel füllen und luftdicht verschliessen.

3 In einer weiten Pfanne nicht zuviel Wasser aufkochen. Die Beutel mit dem Eierstich hineinlegen, mit einem grossen Teller beschweren und vor dem Siedepunkt etwa 20 Minuten ziehen lassen, bis der Eierstich fest ist. Sorgfältig herausheben und abkühlen lassen. Wer einen Siebaufsatz zum Dämpfen besitzt, kann die Eierstichbeutel auch im aufsteigenden Dampf gar ziehen lassen.

4 Die Beutel vorsichtig aufschneiden. Den Eierstich mit kleinen Formen ausstechen oder in Würfel schneiden. In Teller oder Tassen verteilen.

5 Die Bouillon aufkochen und über den Eierstich giessen. Den Schnittlauch mit einer Schere dazuschneiden. Die Suppe sofort servieren.

Kartoffelsuppe mit Gemüse und Croûtons

Zu den beliebtesten Suppenspezialitäten gehört die Kartoffelsuppe, von der es unzählige Varianten gibt. Hier ein Rezept, bei dem ein Teil des gekochten Gemüses als Suppeneinlage verwendet wird. Zum Servieren wird sie zudem mit gerösteten Speckstreifchen und Brotwürfelchen bestreut.

Für 4–5 Personen als Mahlzeit
Zubereiten: etwa 35 Minuten

- 750 g Kartoffeln
- ¼ Sellerieknolle
- 2 Rüebli
- 1 Lauchstengel
- 1 mittlere Zwiebel
- 25 g Butter (1)
- 2 Bouillonwürfel
- 100 g magere Bratspeckscheiben
- 3 Scheiben Toast- oder Weissbrot
- 25 g Butter (2)
- 1½ dl Rahm
- Salz, schwarzer Pfeffer aus der Mühle
- frisch geriebene Muskatnuss

1 Die Kartoffeln, den Sellerie und die Rüebli schälen und klein würfeln. Den Lauch rüsten und in Ringe schneiden.

2 Die Zwiebel schälen und fein hacken. In einer grossen Pfanne in der warmen Butter (1) hellgelb dünsten.

3 Das vorbereitete Gemüse beifügen und kurz mitdünsten. Soviel Wasser dazugiessen, dass die Zutaten gut bedeckt sind. Die Bouillonwürfel beifügen. Die Suppe auf kleinem Feuer etwa 20 Minuten kochen lassen, bis das Gemüse weich ist.

4 Während die Suppe kocht, den Bratspeck in dünne Streifen schneiden. In einer Bratpfanne im eigenen Fett langsam knusprig braten. Auf Küchenpapier abtropfen lassen. Das Speckfett abgiessen.

5 Das Brot klein würfeln. Die Butter (2) in die Bratpfanne geben und das Brot darin goldbraun rösten. Ebenfalls auf Küchenpapier abtropfen lassen.

6 Etwa die Hälfte des Suppengemüses mit einer Schaumkelle herausheben und beiseite stellen. Das restliche Gemüse mitsamt der Garflüssigkeit im Mixer oder mit dem Stabmixer fein pürieren. Den Rahm dazugiessen und die Suppe wenn nötig mit Wasser verdünnen. Nochmals gut aufkochen. Das beiseite gestellte Gemüse wieder beifügen. Die Suppe mit Salz, Pfeffer und Muskat abschmecken.

7 Die Suppe in Teller oder Tassen anrichten und mit Speckstreifen sowie Brotcroûtons bestreuen. Sofort servieren.

Paprika-Nudeltopf mit Huhn
Rezept auf Seite 44

Währschafti Choscht
Eintöpfe, Gebackenes und andere rustikale Spezialitäten

36 Milkenpastetli
37 Gefüllte Omelettenbeutel
38 Makkaroni-Gratin mit Quark und Schinken
39 Greyerzer Kartoffelgratin
40 Mais-Spinat-Gratin
41 Grüne Spätzli an Morchelrahmsauce
42 Fleischtorte
44 Paprika-Nudeltopf mit Huhn
45 Lauch-Linsen-Topf
46 Lauchpapet
47 Kartoffel-Speck-Gulasch
48 Kartoffel-Käse-Kuchen
49 Quiche Lorraine
50 St. Galler Wurst-Käse-Krapfen
51 Gomser Cholera
52 Gestürzte Makkaronipastete
52 Linsen-Speck-Topf mit Kartoffeln und Würstchen
54 Überbackene Griessschnitten
55 Schupfnudeln
56 Omelettentorte
57 Quark-Kartoffel-Tätschli
58 Speckwaffeln
59 Speckgugelhopf

Milkenpastetli

Für 4 Personen
Zubereiten: etwa 30 Minuten

- 500 g Milken
- 200 g Champignons
- 1 Esslöffel Butter (1)
- ½ dl Weisswein
- 1 dl Hühnerbouillon
- 1 dl Rahm
- 1 Esslöffel Mehl
- 20 g weiche Butter (2)
- 100 g tiefgekühlte Erbsen
- abgeriebene Schale von ½ Zitrone
- Salz, Pfeffer aus der Mühle
- 8 Blätterteigpastetli

Milken sind die klassische Zutat einer Pastetlifüllung. Leider etwas in Vergessenheit geraten, schmecken sie so fein und zart wie Kalbfleisch. Als Alternative empfehlen sich in Würfel geschnittene Pouletbrüstchen oder geschnetzeltes Kalbfleisch.

1 In einer kleineren Pfanne Wasser aufkochen. Die Milken hineingeben und vor dem Siedepunkt 3–4 Minuten ziehen lassen. Abschütten und unter kaltem Wasser abschrecken. Dann die Haut der Milken sowie kleine Sehnen, Unreinheiten usw. sorgfältig entfernen. Die Milken in kleine Stücke schneiden.

2 Champignons rüsten und scheibeln.

3 Backofen auf 180 Grad vorheizen.

4 In einer weiten Pfanne die Milken in der warmen Butter 2–3 Minuten anbraten. Herausnehmen und zugedeckt beiseite stellen.

5 Hitze höher stellen. Im Bratensatz die Champignons kräftig andünsten; den entstehenden Saft vollständig verdampfen lassen. Dann Weisswein und Bouillon dazugiessen und leicht einkochen lassen. Rahm beifügen.

6 Mehl und weiche Butter (2) mit einer Gabel verkneten. Diese Mischung flockenweise in die kochende Sauce geben; sie soll leicht binden. Erbsen beifügen und alles noch 3–4 Minuten zugedeckt leise kochen lassen. Mit Zitronenschale, Salz, Pfeffer abschmecken. Milken wieder beifügen und nur noch gut heiss werden lassen.

7 Gleichzeitig die Pastetli im 180 Grad heissen Ofen 5–8 Minuten aufbacken. Mit dem Milkenragout füllen und sofort servieren.

Gefüllte Omelettenbeutel

Für 4–5 Personen

Omeletten: etwa 30 Minuten (mit Ruhenlassen des Teiges)
Füllung: etwa 20 Minuten
Backen: 15–20 Minuten

Omeletten:
150 g Mehl, ½ Teelöffel Salz, 3 dl Milch, 3 Eier, 50 g geriebener Gruyère, Butter zum Backen

Füllung:
250 g in dünne Scheiben geschnittener Schinken, 1 Bund Frühlingszwiebeln, ½ Bund Petersilie, 1 Bund Kerbel, 1 Esslöffel Butter, 1 dl Crème fraîche, Salz, Pfeffer

Zum Überbacken:
1 dl Rahm
1 dl Bouillon
50 g geriebener Sbrinz
Salz, Pfeffer

1 Für die Omeletten Mehl und Salz mischen. Die Milch dazugiessen und alles zu einem glatten Teig schlagen. Die Eier verquirlen und mit dem Gruyère unterrühren. Den Teig 15 Minuten ausquellen lassen.

2 Inzwischen den Schinken in dünne, nicht zu lange Streifen schneiden. Von den Frühlingszwiebeln 3–4 lange Röhrchen beiseite legen. Dann die Zwiebeln mitsamt schönem Grün fein schneiden. Petersilie und Kerbel hacken.

3 Die Butter erhitzen. Die Frühlingszwiebeln darin 3–4 Minuten dünsten. Schinken, Petersilie sowie den Kerbel beifügen und kurz mitbraten. Die Crème fraîche untermischen und die Masse mit wenig Salz, jedoch reichlich Pfeffer würzen. Abkühlen lassen.

4 Den Omelettenteig nochmals gut durchrühren. In einer beschichteten Bratpfanne in etwas Butter aus dem Teig 8–10 dünne Omeletten backen.

5 Die beiseite gelegten Zwiebelröhrchen der Länge nach in 3–4 Streifen schneiden.

6 Die Füllung auf den Omeletten verteilen. Diese zu einem Beutel zusammenfassen und mit den Zwiebelröhrchenstreifen binden. In eine ausgebutterte Gratinform setzen.

7 Rahm und Bouillon in ein Pfännchen geben, aufkochen und auf mittlerem Feuer während 5 Minuten kochen lassen. Den Sbrinz dazurühren, schmelzen lassen und die Sauce mit Salz sowie Pfeffer würzen. Über die Beutel giessen.

8 Die Omelettenbeutel im auf 220 Grad vorgeheizten Ofen auf der zweituntersten Rille 15–20 Minuten backen.

Makkaroni-Gratin mit Quark und Schinken

Für 4 Personen
Vorbereiten: etwa 15 Minuten
Backen: 20–25 Minuten

300 g Makkaroni oder Penne
150 g Schinken am Stück
1 Bund Schnittlauch
½ Bund Petersilie
½ Bund Oregano
150 g Rahmquark
½ dl Rahm
Salz, schwarzer Pfeffer aus der Mühle
100 g Tilsiter, Freiburger Vacherin, Raclette- oder ein anderer Halbhartkäse

Die «altmodischere» Variante dieses Teigwarengratins wird anstelle von Quark mit einer weissen Milch- oder Rahmsauce (Béchamel) gemischt; in diesem Fall fügt man weniger oder keine Kräuter bei. Und noch eine Spielart: Nach Belieben kann man die Käsewürfelchen unter die Teigwaren mischen, anstatt sie darüber zu verteilen.

1 In einer grossen Pfanne reichlich Salzwasser aufkochen. Die Teigwaren hineingeben und bissfest garen.

2 Während die Teigwaren kochen, den Schinken klein würfeln. Den Schnittlauch in Röllchen schneiden. Petersilie und Oregano fein hacken. Alle diese Zutaten in einer grossen Schüssel mit dem Quark und dem Rahm mischen und pikant mit Salz sowie Pfeffer würzen.

3 Den Käse entrinden und klein würfeln.

4 Die Teigwaren abschütten und gut abtropfen lassen. Sofort mit dem Kräuterquark mischen und in eine ausgebutterte Gratinform geben. Den Käse darüber verteilen.

5 Die Makarroni im auf 220 Grad vorgeheizten Ofen auf der zweituntersten Rille während 20–25 Minuten überbacken.

Währschafti Choscht

Greyerzer Kartoffelgratin

Dieser währschafte Gratin ist weniger als Beilage zu Fleisch gedacht, sondern ergibt vielmehr eine eigenständige Mahlzeit, zu der man nach Belieben einen grünen, einen Rüebli- oder einen Gurkensalat serviert. Übrigens: Die Beigabe von Sultaninen ist traditionell und nicht eine «neumodische» Variante.

Für 4 Personen
Vorbereiten: etwa 25 Minuten
Backen: 40–45 Minuten

- 50 g Sultaninen
- 1 grosse Zwiebel
- 2 Knoblauchzehen
- 250 g magere Bratspecktranchen
- 750 g Kartoffeln (mehlig kochende Sorte, z.B. Granola oder Urgenta)
- Salz, schwarzer Pfeffer aus der Mühle
- frisch geriebene Muskatnuss
- 200 g geriebener Gruyère
- 2 dl Weisswein
- ca. 1½ dl Doppelrahm

1 Die Sultaninen mit warmem Wasser bedeckt einweichen.

2 Die Zwiebel und den Knoblauch schälen und fein hacken. Auf dem Boden einer möglichst grossen, ausgebutterten Gratinform verteilen.

3 Jede Specktranche in 4 Stücke schneiden.

4 Die Kartoffeln schälen und in dünne Scheiben schneiden. In eine grosse Schüssel geben, mit Salz, reichlich Pfeffer aus der Mühle und frisch geriebener Muskatnuss würzen. Dann lagenweise mit den Speckscheiben und der Hälfte des geriebenen Käses in die Gratinform schichten. Den Weisswein dazugiessen.

5 Den Gratin im auf 200 Grad vorgeheizten Ofen auf der zweituntersten Rille während 25 Minuten backen.

6 Den Kartoffelgratin herausnehmen. Den restlichen Käse, den Doppelrahm und die abgetropften Sultaninen darüber verteilen. Nochmals 15–20 Minuten bei 200 Grad fertig backen.

Währschafti Choscht

Mais-Spinat-Gratin

Dies ist eine besonders reichhaltige, saftige Variante des traditionellen Innerschweizer, Bündner und Tessiner Maisgerichtes.

Für 4–5 Personen
Vorbereiten: etwa 45 Minuten
Backen: 20–25 Minuten

- 1,2 Liter Hühnerbouillon
- 200 g grober Maisgriess (Bramata)
- 750 g frischer Spinat oder ca. 300 g tiefgekühlter Blattspinat
- 1 mittlere Zwiebel
- 1 Esslöffel Butter
- Salz, Pfeffer, Muskat
- 150 g Raclettekäse
- 150 g in dünne Scheiben geschnittener Schinken
- 1 Bund Petersilie
- 1 dl Doppelrahm
- 75 g Mascarpone al Gorgonzola oder Doppelrahm-Frischkäse mit Kräutern

1 In einer mittleren Pfanne die Bouillon aufkochen. Den Mais unter Rühren einlaufen lassen. Auf kleinstem Feuer halb zugedeckt – Spritzgefahr! – unter häufigem Umrühren während etwa 40 Minuten zu einer sehr feuchten Polenta kochen.

2 Inzwischen Spinat gründlich waschen. Tropfnass in eine grosse Pfanne geben und zugedeckt so lange dünsten, bis er zusammengefallen ist. In ein Sieb abschütten und ausdrücken. Tiefkühl-Spinat antauen lassen, indem man die Packung in warmes Wasser legt.

3 Die Zwiebel schälen und fein hacken. In einer mittleren Pfanne in der warmen Butter glasig dünsten. Den Spinat beifügen und 3–4 Minuten mitdünsten. Mit Salz, Pfeffer und Muskat würzen. Beiseite stellen.

4 Raclettekäse klein würfeln. Schinkenscheiben in kleine Vierecke schneiden. Petersilie fein hacken.

5 Doppelrahm und Mascarpone al Gorgonzola oder Doppelrahm-Frischkäse mit einer Gabel gut mischen. Mit Pfeffer und wenig Muskat würzen. Petersilie sowie ein Drittel Raclettewürfel und Schinken untermischen.

6 Eine eher hohe Gratinform ausbuttern. Die Hälfte der Polenta hineingeben und glatt streichen. Darauf den Spinat geben. Verbliebene Käsewürfel und Schinken darüber verteilen. Mit der restlichen Polenta decken. Die Doppelrahmmasse darauf verteilen.

7 Maisgratin im auf 220 Grad vorgeheizten Ofen auf der zweituntersten Rille während 20–25 Minuten backen.

Grüne Spätzli an Morchelrahmsauce

Für 4–6 Personen
Zubereiten: etwa 45 Minuten

30 g gedörrte Morcheln
400 g Mehl
4 Eier
8–12 Esslöffel Wasser
100 g frischer Spinat
4 Schalotten
50 g Speckwürfelchen
25 g Butter
1½ dl Weisswein
2 dl Rahm
1½ dl Crème fraîche
Salz, schwarzer Pfeffer aus der Mühle

Zum Fertigstellen:
1 grosse Zwiebel
wenig Mehl zum Bestäuben
1 Esslöffel Bratbutter

Hausgemachte Spätzli sind der Stolz jeder Hausfrau. Dass sie nicht nur eine feine Beilage zu Braten, Ragouts und Wild sind, zeigt dieses köstliche Gericht. Mit oder ohne Speck (für alle, die es fleischlos möchten) ist es eine festliche eigenständige Mahlzeit. Die Morchelrahmsauce passt übrigens auch sehr gut zu kurz gebratenem Fleisch.

1 Die Morcheln mit warmem Wasser bedeckt 30 Minuten einweichen. Abschütten, dabei 1 dl Einweichflüssigkeit auffangen, durch ein feinmaschiges Siebchen giessen und beiseite stellen. Die Pilze unter kaltem Wasser sehr gut spülen und grosse Exemplare in Stücke schneiden.

2 Während die Morcheln einweichen, den Spätzliteig zubereiten: Mehl in eine Schüssel sieben. Eier und Wasser verquirlen, beifügen und alles zu einem dickflüssigen, zähen Teig rühren. Je nach Mehlqualität wenn nötig noch etwas Wasser beifügen. Dann den Teig so lange kräftig schlagen, bis sich am Schüsselrand grosse Blasen bilden.

3 Den Spinat waschen. Tropfnass in eine Pfanne geben, leicht salzen und zugedeckt so lange dünsten, bis er zusammengefallen ist. In ein Sieb ab-

Weiter auf Seite 42

schütten, ausdrücken, dann mit dem Wiegemesser oder im Cutter sehr fein hacken. Unter den Spätzliteig rühren.

4 In einer grossen Pfanne reichlich Salzwasser aufkochen. Den Spätzliteig auf ein nasses Brett giessen. Mit einem Messer portionenweise Spätzli ins kochende Salzwasser schaben. Sobald die Spätzli obenauf schwimmen, sind sie gar. Mit einer Schaumkelle herausheben, in ein Sieb geben, unter kaltem Wasser abschrecken und abtropfen lassen. Die Pfanne mit dem Spätzlikochwasser beiseite stellen.

5 Nun die Sauce zubereiten: Die Schalotten schälen und fein hacken. Die Speckwürfelchen grob hacken. Beides in der Butter anbraten. Dann die Morcheln beifügen und 3–4 Minuten mitdünsten. Morchelwasser und Weisswein löffelweise dazugeben; immer wieder einkochen lassen, bevor die nächste Portion dazukommt. Rahm und Crème fraîche verrühren, beifügen und zu einer cremigen Sauce einkochen lassen. Mit Salz und Pfeffer würzen.

6 Die Zwiebel schälen, in feine Ringe schneiden und diese sparsam mehlen. In der Bratbutter goldbraun braten.

7 Inzwischen das Spätzlikochwasser nochmals zum Sieden bringen. Die Spätzli hineingeben und gut 1 Minute erhitzen. Gut abtropfen lassen und sofort mit der Morchelsauce mischen. Die Zwiebelringe darübergeben.

Fleischtorte

Für 4–5 Personen
Vorbereiten: etwa 30 Minuten
Backen: etwa 50 Minuten

2–3 Scheiben altbackenes Weissbrot
1½ dl Milch
1 grosse Zwiebel
2 Knoblauchzehen
1 Bund Petersilie
1 mittlerer Lauchstengel
1 Esslöffel Butter
250 g gehacktes Lammfleisch
250 g gehacktes Rindfleisch
1 Esslöffel Wacholderbeeren
Salz, Pfeffer, Muskatnuss
ca. 400 g Kuchenteig
1 Eigelb

Früher wurden die Fleischkuchen mit Resten von Braten, Siedfleisch oder Ragouts zubereitet, heute wird dazu Hackfleisch verwendet. Ob man wie in diesem traditionellen Innerschweizer Rezept eine Mischung von Lamm- und Rindfleisch oder aber nur eine Fleischsorte – auch Kalb- oder Schweinefleisch – wählt, ist eine Frage der persönlichen Vorliebe.

1 Das Weissbrot in kleine Stücke brechen und in eine Schüssel geben. Die Milch aufkochen und über das Brot träufeln. 15 Minuten ziehen lassen.

2 Inzwischen Zwiebel und Knoblauch schälen und fein hacken. Die Petersilie ebenfalls fein hacken. Den Lauch rüsten und in dünne Ringe schneiden. Alle diese Zutaten in der warmen Butter unter Wenden 4–5 Minuten dünsten. Leicht abkühlen lassen.

3 Das Brot mitsamt Einweichflüssigkeit mit einer Gabel gut durcharbeiten. Die beiden Fleischsorten sowie die Lauchmischung beifügen. Die Wacholderbeeren mit einer Messerklinge oder im Mörser zerdrücken und dazugeben. Die Masse mit Salz, Pfeffer sowie Muskatnuss würzen und von Hand oder mit den Knethaken des Rührgerätes zu einem feuchten Fleischteig mischen.

4 Eine Springform von 26 cm Durchmesser ausbuttern und mit etwas Mehl bestäuben.

5 Knapp zwei Drittel des Kuchenteigs rund auswallen und die Form damit auslegen, dabei bis zum Rand hochziehen. Den Teigboden mit einer Gabel einstechen. Die Fleischmasse hineingeben. Den überstehenden Teigrand über die Füllung klappen und mit Wasser bestreichen. Aus dem restlichen Teig einen Deckel in der Grösse der Form auswallen und auf die Füllung legen. Den Teigrand gut andrücken. Aus den Teigresten nach Belieben Verzierungen ausstechen und die Fleischtorte damit dekorieren.

6 Das Eigelb verrühren und den Teigdeckel damit bestreichen.

7 Die Fleischtorte im auf 200 Grad vorgeheizten Ofen auf der untersten Rille während 50 Minuten goldbraun backen. Bräunt die Oberfläche zu stark, mit Alufolie abdecken. Heiss oder lauwarm servieren.

Paprika-Nudeltopf mit Huhn

Abbildung Seite 34

Früher gehörte ein Suppenhuhn zu den Sonntagsfreuden der gutbürgerlichen Küche. Daraus entstanden eine Vielzahl von köstlichen Gerichten, wie zum Beispiel dieser Eintopf: Das gekochte Huhn wird in Stücke gepflückt und in einer aus dem Sud zubereiteten Paprikarahmsauce unter schmale Nudeln gemischt – ein wirklicher Sonntagsschmaus!

Für 4 Personen

Suppenhuhn: etwa 1¼ Stunden
Fertigstellen: etwa 30 Minuten

- 1 grosses Poulet
- 1 kleiner Lauch
- 2 Rüebli
- ¼ Sellerieknolle
- 1 Zwiebel
- je 2 Lorbeerblätter und Nelken
- je 4 Thymian- und Petersilienzweige
- 8–10 zerdrückte schwarze Pfefferkörner
- 2 Hühnerbouillonwürfel
- 1 Teelöffel Salz

Zum Fertigstellen:
- 1 mittlere Zwiebel
- 250 g schmale Nudeln
- 25 g Butter
- 1 Esslöffel edelsüsser Paprika
- 1 dl Sud
- 2 dl Crème fraîche
- Salz, Pfeffer aus der Mühle
- 1 Bund Schnittlauch

1 Das Poulet in eine grosse Pfanne geben. Lauch, Rüebli und Sellerie rüsten und in Stücke schneiden. Die Zwiebel schälen, halbieren und mit Lorbeerblättern und Nelken bestecken. Mit den Thymian- und Petersilienzweigen sowie den Pfefferkörnern zum Poulet geben. Mit so viel Wasser auffüllen, dass das Huhn knapp bedeckt ist. Alles aufkochen. Dann die Hitze so reduzieren, dass der Sud nur noch leise simmert. Wenn nötig abschäumen. Erst jetzt die Bouillonwürfel und das Salz beifügen. Das Poulet während 1–1¼ Stunden weich kochen.

2 Das Huhn aus dem Sud nehmen und etwas abkühlen lassen. Dann häuten und das Fleisch von den Knochen lösen. In breite Streifen schneiden.

3 Die Bouillon absieben und in die Pfanne zurückgeben. Das obenauf schwimmende Fett mit Hilfe eines Löffels so weit als möglich abschöpfen. 1 dl Sud entnehmen und beiseite stellen.

4 Für den Nudeltopf die Zwiebel schälen und fein hacken.

5 Den Sud in der Pfanne aufkochen. Die Nudeln beifügen und knapp weich garen.

6 Gleichzeitig in einer mittleren Pfanne die Butter erhitzen. Die Zwiebel darin andünsten. Den Paprika darüberstäuben und kurz mitdünsten. Mit dem beiseite gestellten Sud ablöschen und leicht einkochen lassen. Dann die Crème fraîche unterrühren und die Sauce pikant mit Salz sowie Pfeffer abschmecken. Das Pouletfleisch beifügen.

7 Die Teigwaren abschütten und sofort mit der Sauce mischen. Den Schnittlauch mit der Schere über das Gericht schneiden.

Tip

Wer die schmackhafte Bouillon nicht zum Kochen der Teigwaren verwenden möchte – was zwar ein hervorragendes Resultat liefert! – kann sie als Vorspeise, z. B. mit einer Eierstich-Einlage (Rezept auf Seite 32), servieren.

Lauch-Linsen-Topf

Für 4 Personen

Vorkochen der Linsen:
je nach Sorte 30–60 Minuten
Zubereiten: etwa 30 Minuten

150 g braune oder grüne Linsen
300 g Lauch
250 g Beinschinken oder eine andere Schinkensorte (z.B. Bauern- oder Modelschinken)
1 mittlere Zwiebel
25 g Butter
1 grosse Dose Pelati-Tomaten (800 g)
Salz, Pfeffer aus der Mühle
1 Bund Petersilie

Früher war in jedem Kochbuch zu lesen, dass man Linsen über Nacht einweichen müsse und dass deren Kochzeit auch dann noch zwei Stunden und mehr betrage. Offenbar waren damals nur Linsen aus lange zurückliegender Ernte erhältlich. Denn als Faustregel gilt: Je älter Hülsenfrüchte sind, desto länger brauchen sie zum Garen. Heutzutage entfällt das Einweichen. Das liegt zum einen an der Qualität, zum anderen an den Sorten.

1 Die Linsen in eine Pfanne geben und mit reichlich Wasser bedecken. Aufkochen, dann zugedeckt weich kochen (grüne Linsen: 30–45 Minuten, braune Linsen: 45–60 Minuten). Abschütten und gut abtropfen lassen.

2 Den Lauch rüsten, waschen und in Ringe schneiden. Den Fettrand des Beinschinkens entfernen. Den Schinken in kleine Würfelchen schneiden. Die Zwiebel schälen und fein hacken.

3 In einer mittleren Pfanne die Butter erhitzen. Zwiebel und Schinken darin anbraten. Dann Lauch dazugeben und kurz mitdünsten. Linsen und Pelati-Tomaten mitsamt Saft beifügen. Alles mit Salz und Pfeffer würzen und zugedeckt etwa 15 Minuten kochen lassen.

5 Die Petersilie fein hacken und am Schluss untermischen.

Als Beilage zu diesem Linsentopf serviert man Salzkartoffeln.

Lauchpapet

Für 4 Personen
Zubereiten: 50–55 Minuten
Überbacken: 12–15 Minuten

1 kg Gemüselauch
2 Esslöffel Butter
1 Boutefas oder
2 Waadtländer Saucissons
500 g Kartoffeln
2 dl Weisswein
Salz, Pfeffer aus der Mühle
50 g geriebener Gruyère

Zart, ja fast schmelzend ist der Lauch in diesem Gericht, weil er zuerst im eigenen Saft langsam gedünstet wird, bevor die restlichen Zutaten dazukommen. Man kann auf das Überbacken des Eintopfes verzichten; in diesem Fall lässt man den Käse weg.

1 Den Lauch rüsten, dabei grobe dunkelgrüne Blattteile wegschneiden. Die Stengel der Länge nach halbieren, unter fliessendem Wasser gründlich waschen und in gut 1 cm breite Ringe schneiden.

2 In einer grossen Pfanne die Butter erhitzen und den Lauch beifügen. Auf kleinem Feuer unter gelegentlichem Umrühren 30 Minuten im eigenen Saft dünsten. Den Kochprozess überwachen, damit das Gemüse nicht am Pfannenboden anbrennt; evtl. 2–3 Esslöffel Wasser beifügen.

3 Gleichzeitig den Boutefas oder die Saucissons in eine Pfanne geben, mit kaltem Wasser bedeckt aufkochen und vor dem Siedepunkt – die Wurst darf auf keinen Fall kochen, sonst platzt sie – je nach Grösse 40–50 Minuten gar ziehen lassen.

4 Die Kartoffeln schälen und in Würfel schneiden. Nach 30 Minuten Kochzeit zum Lauch geben. Weisswein dazugiessen, würzen und zugedeckt weitere 20–25 Minuten leise kochen lassen.

5 Das gekochte Gemüse in eine Gratinform verteilen. Die Wurst in Scheiben schneiden und in das Lauchgemüse legen. Alles mit dem Käse bestreuen.

6 Den Lauchpapet im auf 220 Grad vorgeheizten Ofen auf der untersten Rille während 12–15 Minuten überbacken.

Kartoffel-Speck-Gulasch

Für 4 Personen
Zubereiten: etwa 50 Minuten

800 g Kartoffeln
300 g Kochspeck
2 mittlere Zwiebeln
1 Knoblauchzehe
1 Esslöffel Bratbutter
2 Esslöffel edelsüsser Paprika
1 Esslöffel Rotweinessig
1 Teelöffel getrockneter Majoran
etwa 1 Liter Fleischbouillon
2 Lorbeerblätter
2 Nelken
Salz, Pfeffer aus der Mühle

Dieses Eintopfgericht kann auch fleischlos zubereitet werden. In diesem Fall ersetzt man den Speck durch 3–4 in Streifen geschnittene Peperoni (rot und gelb gemischt).

1 Die Kartoffeln schälen und in grosse Würfel schneiden.

2 Die Speckschwarte abschneiden und beiseite legen. Den Speck in kleine Würfel schneiden.

3 Die Zwiebeln schälen und fein hacken. Den Knoblauch schälen und in Scheibchen schneiden.

4 In einer grossen Pfanne die Bratbutter erhitzen. Den Speck darin kräftig anrösten.

5 Die Hitze reduzieren. Die Zwiebeln und den Knoblauch beifügen und hellgelb dünsten. Das Paprikapulver darüberstäuben und kurz mitdünsten. Die Kartoffeln untermischen. Essig und Majoran beifügen und so viel Bouillon dazugiessen, dass die Zutaten knapp bedeckt sind. Die Lorbeerblätter mit den Nelken bestecken und mit der Speckschwarte ins Gulasch legen. Alles zugedeckt während 30–35 Minuten leise kochen lassen.

6 Wenn die Kartoffeln schön weich sind, die Lorbeerblätter und die Schwarte entfernen und das Kartoffel-Speck-Gulasch mit Salz sowie Pfeffer pikant würzen.

Kartoffel-Käse-Kuchen

Ein Teig aus Kartoffeln und Mehl ergibt die Unterlage für diese rustikale Käsewähe mit viel Zwiebeln und Speckwürfelchen. Als Beilage serviert man einen Salat: Neben Blattsalat passt auch Randen- oder Gurkensalat gut dazu.

Für 5–6 Personen

Vorbereiten (ohne Kartoffel kochen): etwa 30 Minuten
Backen: etwa 40 Minuten

1 kg Kartoffeln
ca. 180 g Mehl (1)
1 Teelöffel Salz
300 g Emmentaler
300 g Bergkäse oder Gruyère
3 mittlere Zwiebeln
200 g Speckwürfelchen
1 Esslöffel Bratbutter
5 dl Milch
1 Esslöffel Mehl (2)
5 Eier
Salz, Pfeffer, Muskatnuss

1 Die Kartoffeln in der Schale in nicht zu viel Wasser weich kochen. Noch warm schälen und auskühlen lassen. Dann an der Röstiraffel in eine Schüssel reiben.

2 Mehl (1) und Salz zu den Kartoffeln geben. Alles zu einem festen Teig kneten.

3 Den Teig auf der leicht bemehlten Arbeitsfläche 1 cm dick auswallen. Ein grosses rechteckiges oder rundes Blech sehr grosszügig ausbuttern und mit dem Teig auslegen. Den Boden mit einer Gabel regelmässig einstechen.

4 Die beiden Käsesorten an der Röstiraffel reiben.

5 Die Zwiebeln schälen und in Ringe schneiden.

6 Speckwürfelchen in der Bratbutter knusprig braten. Zwiebeln beifügen und kurz mitrösten. Auskühlen lassen.

7 Wenig Milch und das Mehl (2) zu einem glatten Teiglein verrühren. Dann restliche Milch und Eier beifügen und alles gut verquirlen. Käse und Speck-Zwiebel-Mischung dazugeben. Die Masse mit Salz, Pfeffer und Muskatnuss würzen. Auf dem Teigboden verteilen.

8 Den Kuchen im auf 200 Grad vorgeheizten Ofen auf der zweituntersten Rille etwa 40 Minuten goldbraun backen.

Quiche Lorraine

Ergibt 12 Stück
Teig: etwa 5 Minuten
Kühl stellen:
mindestens 30 Minuten
Füllung: etwa 25 Minuten
Backen: 40–45 Minuten

Mürbeteig:
250 g Mehl
½ Teelöffel Salz
125 g Butter
4–6 Esslöffel Wasser

Füllung:
250 g magere Bratspecktranchen
1 grosse Zwiebel
1 Esslöffel Butter
150 g Gruyère
4 Eier
2½ dl Rahm
2½ dl Milch
Salz, Pfeffer, Muskat

Besonders gut schmeckt diese französische Spezialität, wenn man sie mit hausgemachtem Mürbeteig zubereitet. Soll es schnell gehen, verwendet man einen gekauften Kuchen- oder Blätterteig.

1 Für den Teig Mehl und Salz in eine Schüssel geben und mischen. Die möglichst kalte Butter in Flocken dazuschneiden. Alles zwischen den Fingern bröselig reiben. Wasser beigeben und Zutaten rasch zu einem glatten Teig verkneten. In Klarsichtfolie gewickelt mindestens 30 Minuten kühl stellen.

2 Die Specktranchen in feine Streifen schneiden. Die Zwiebel schälen und in dünne Ringe schneiden.

3 Die Butter in eine Bratpfanne geben. Den Speck beifügen und leicht braten. Dann die Zwiebel dazugeben und weich dünsten. Beiseite stellen.

4 Den Teig auf der leicht bemehlten Arbeitsfläche 3–4 mm dünn auswallen. Eine Springform von etwa 26 cm Durchmesser damit auslegen, dabei einen Rand hochziehen. Teigboden mit einer Gabel regelmässig einstechen.

5 Den Käse entrinden und in kleine Würfelchen schneiden. Gleichmässig auf dem Teigboden verteilen. Speck-Zwiebel-Mischung darübergeben.

6 Eier, Rahm und Milch verquirlen. Mit Salz, Pfeffer und Muskat würzen. Den Guss über die Füllung verteilen.

7 Die Quiche Lorraine im auf 200 Grad vorgeheizten Ofen auf der untersten Rille während 40–45 Minuten backen. Sollte die Oberfläche zu schnell bräunen, mit Alufolie abdecken. Vor dem Aufschneiden 10 Minuten ruhen lassen, damit die zarte Füllung nicht auseinanderläuft.

St. Galler Wurst-Käse-Krapfen

Ergibt etwa 20 Stück
Vorbereiten: etwa 30 Minuten
Backen: 18–20 Minuten

- 2 Esslöffel Butter
- 2 gestrichene Esslöffel Mehl
- 2 dl Milch
- Salz, Pfeffer
- je 1 Prise Muskat und Paprika
- 125 g Appenzeller Käse
- 2 St. Galler Kalbsbratwürste
- 1 Bund Petersilie
- ca. 450 g Blätter- oder Kuchenteig
- 1 Eiweiss
- 1 Eigelb
- 1 Esslöffel Rahm

Kaum jemand, der im Teig eingebackene Wurst nicht mag! Kalbsbratwürste werden klein gewürfelt, mit einer würzigen Käsesauce gemischt und mit Blätter- oder Kuchenteig umhüllt. Die Krapfen sind mit Salat serviert eine vollständige Mahlzeit, aber auch originelle Beilage zu einem Glas Wein oder Bier.

1 In einem Pfännchen Butter schmelzen. Mehl beifügen und unter Rühren 1 Minute dünsten. Langsam die Milch darunterrühren und zu einer dicken Sauce aufkochen. Vom Feuer nehmen und mit Salz, Pfeffer, Muskat sowie Paprika pikant würzen. Abkühlen lassen.

2 Inzwischen den Käse reiben. Die Bratwürste häuten und klein würfeln. Die Petersilie fein hacken. Alle diese Zutaten mit der Sauce mischen.

3 Den Blätter- oder Kuchenteig 2–3 mm dünn auswallen. Rondellen von 10 cm Durchmesser ausstechen. Je einen Löffel Füllung auf die eine Teighälfte geben. Den Teigrand mit Eiweiss oder Wasser bestreichen und die andere Teighälfte über die Füllung schlagen. Die Ränder mit einer Gabel gut andrücken. Die Krapfen auf ein mit Backpapier belegtes Blech geben.

4 Eigelb und Rahm verrühren und die Krapfen damit bestreichen.

5 Die Krapfen im auf 220 Grad vorgeheizten Ofen auf der zweituntersten Rille 8 Minuten backen. Dann die Hitze auf 150 Grad reduzieren und die Krapfen nochmals etwa 10 Minuten backen, bis sie goldbraun sind. Heiss oder lauwarm servieren.

Gomser Cholera

Für 4–5 Personen
Vorbereiten: etwa 45 Minuten
Backen: etwa 40 Minuten

300 g kleine Kartoffeln
Salz
100 g Zwiebeln
1 Esslöffel Butter
250 g Gomser oder Raclettekäse
250 g kleine Äpfel
ca. 400 g Kuchenteig
einige Butterflocken
1 Eigelb

Diese Pastete ist eine alte Gomser Spezialität, die je nach Gemeinde, in der sie zubereitet wird, kleine Veränderungen erfährt. Variieren Sie also die Pastete nach Lust und Laune!

1 Die Kartoffeln in nicht zu viel Wasser zugedeckt knapp weich kochen. Etwas abkühlen lassen, dann schälen und in dünne Scheiben schneiden; rasch und einfach geht dies mit dem Eierschneider. Die Kartoffeln leicht salzen.

2 Die Zwiebeln schälen, halbieren, in dünne Scheiben schneiden und in der warmen Butter etwa 5 Minuten dünsten. Abkühlen lassen.

3 Den Käse entrinden und in dünne Scheiben schneiden.

4 Die Äpfel schälen, vierteln, das Kerngehäuse entfernen und die Früchte in dünne Schnitzchen schneiden.

5 Die Hälfte des Teiges zu einem etwa 3 mm dünnen Rechteck auswallen. Auf ein mit Backpapier belegtes Blech legen. Vorbereitete Zutaten lagenweise darauf verteilen, dabei rundum einen Rand frei lassen. Alles mit Butterflocken belegen. Restlichen Teig ebenfalls rechteckig auswallen und über die Zutaten legen. Die Ränder auf etwa 2 cm zurückschneiden, nach innen aufrollen und mit einer Gabel festdrücken. Die Pastete nach Belieben mit Teigresten verzieren.

6 Das Eigelb verrühren und die Pastete damit bestreichen.

7 Die Cholera im auf 200 Grad vorgeheizten Ofen auf der untersten Rille während etwa 40 Minuten backen; dunkelt die Oberfläche zu schnell, mit Alufolie abdecken.

Gestürzte Makkaronipastete

Für 4–5 Personen
Vorbereiten: etwa 20 Minuten
Backen: etwa 40 Minuten

250 g Makkaroni
80 g weiche Butter
3 Eigelb
1 dl Crème fraîche
100 g geriebener Sbrinz
Salz, schwarzer Pfeffer aus der Mühle
1 Prise frisch geriebene Muskatnuss
3 Eiweiss
etwas Butter und Paniermehl für die Form

Zum Fertigstellen:
200 g Schinkenscheiben
1 Bund Petersilie
25 g Butter

Für eine fleischlose Variante lässt man die Schinkengarnitur beiseite und serviert eine Tomatensauce zur Pastete.

1 Reichlich Salzwasser aufkochen. Die Makkaroni in etwa 5 cm lange Stücke brechen, hineingeben und bissfest kochen. In ein Sieb abschütten und gründlich kalt überbrausen. Gut abtropfen lassen.

2 Während die Teigwaren kochen, die Butter so lange kräftig durchrühren, bis sie sehr hell geworden ist und sich kleine Spitzchen bilden. Eigelb beifügen und die Masse nochmals gut schlagen. Dann Crème fraîche und Sbrinz untermischen. Die Masse mit Salz, Pfeffer und Muskat würzen.

3 Die Eiweiss mit einer Prise Salz steif schlagen.

4 Makkaroni und Butter-Käse-Masse mischen. Eischnee unterziehen.

5 Eine grosse Cakeform ausbuttern und mit Paniermehl ausstreuen. Die Makkaroni satt einfüllen, dabei einige Male mit der Form auf die Arbeitsfläche klopfen, damit sie sich gut setzen.

6 Die Makkaronipastete sofort im auf 200 Grad vorgeheizten Ofen auf der zweituntersten Rille während etwa 40 Minuten goldbraun backen.

7 Inzwischen für die Garnitur den Schinken in Streifen schneiden. Die Petersilie fein hacken.

8 Kurz vor dem Servieren in einer Bratpfanne die Butter erhitzen. Den Schinken darin kurz braten. Die Petersilie untermischen.

9 Die Makkaronipastete nach dem Backen 5–10 Minuten ruhen lassen. Dann aus der Form auf eine Platte stürzen und mit dem gebratenen Schinken garnieren.

Linsen-Speck-Topf mit Kartoffeln und Würstchen

Für 4–5 Personen
Zubereiten: 1¼–1½ Stunden

300 g braune Linsen
400 g Kochspeck
1 mittlere Zwiebel
50 g Butter
1,2 Liter leichte Hühnerbouillon
500 g Kartoffeln
4 Schweinswürstchen
1 Esslöffel Rotwein- oder Balsamicoessig
Salz, schwarzer Pfeffer aus der Mühle
4 Esslöffel Crème fraîche

Bei braunen Linsen ist es ähnlich wie beim Sauerkraut: Aufgewärmt schmecken sie noch besser. Sie können also gut vorgekocht werden (bis und mit Punkt 4). Die Kartoffeln und die Würstchen gibt man jedoch am besten frisch dazu.

1 Die Linsen in ein Sieb geben und kurz kalt spülen. Gut abtropfen lassen.

2 Den Speck in Scheiben schneiden.

3 Zwiebel schälen und fein hacken.

4 In einem Schmortopf die Butter erhitzen. Die Zwiebel darin glasig dünsten. Speck und Linsen beifügen und kurz mitdünsten. Die Bouillon dazugiessen. Alles zugedeckt auf kleinem Feuer 45–60 Minuten kochen lassen, bis die Linsen gerade weich sind.

5 Kartoffeln schälen und in Würfel schneiden. Unter die Linsen mischen. Würstchen darauflegen. Alles zugedeckt weitere 30 Minuten kochen lassen.

6 Vor dem Servieren den Linsentopf mit Essig, Salz und Pfeffer abschmecken. Die Crème fraîche mit etwas Saucenflüssigkeit verrühren und untermischen. Nach Belieben die Würstchen in Rädchen aufschneiden.

Währschafti Choscht

Überbackene Griessschnitten

Grossmutterküche pur: Früher ein beliebtes fleischloses Mittag- oder Abendessen, existieren die an einem Eier-Käse-Guss überbackenen Griessschnitten heute oft nur noch in den kulinarischen Kindheitserinnerungen. Das ist schade, denn das einfache Gericht schmeckt immer noch ausgezeichnet.

Für 4 Personen

Vorbereiten: etwa 20 Minuten
Auskühlen lassen: mindestens 1 Stunde
Überbacken: 20–25 Minuten

- 4 dl Milch (1)
- 4 dl Wasser
- 1 gehäufter Teelöffel Salz
- 200 g Griess
- 100 g geriebener Gruyère
- 50 g geriebener Sbrinz
- 1½ dl Milch (2)
- 1½ dl Voll- oder Halbrahm
- 3 Eier
- Pfeffer aus der Mühle
- 1 Messerspitze Muskat

1 Milch (1), Wasser und Salz in einer Pfanne aufkochen. Dann unter Rühren langsam den Griess einrieseln lassen. Zugedeckt unter häufigem Umrühren auf allerkleinstem Feuer ausquellen lassen, bis der Griess sehr dick ist.

2 Ein mittleres Blech leicht bebuttern. Den Griessbrei daraufgeben und mit einem Spachtel, den man immer wieder in kaltes Wasser taucht, gut 1 cm dick ausstreichen. Vollständig erkalten lassen.

3 Den erkalteten Griess in Vierecke schneiden und ziegelartig in eine gut ausgebutterte Gratinform schichten.

Den Käse mischen. Die Hälfte darüberstreuen. Den restlichen Käse mit der Milch (2), dem Rahm und den Eiern verquirlen. Mit Salz, Pfeffer und Muskat würzen. Über die Griessschnitten verteilen.

4 Die Griessschnitten im auf 200 Grad vorgeheizten Ofen auf der zweituntersten Rille während 20–25 Minuten überbacken. Heiss servieren.

Schupfnudeln

Für 6 Personen als Beilage
Für 4 Personen als Mahlzeit
Vorbereiten: etwa 45 Minuten
Braten: etwa 10 Minuten

800 g mehlig kochende Kartoffeln
1 mittlere Zwiebel
20 g Butter (1)
80 g Mehl
3 Eigelb
100 g geriebener Sbrinz
100 g Tilsiter
Salz, Pfeffer, Muskatnuss
8–10 Salbeiblätter
ca. 60 g Butter (2)

Diese alte Kartoffelspezialität aus einem Teig von Kartoffeln, Mehl, Eigelb und reichlich Käse ist nicht nur eine originelle Beilage zu vielen Fleischgerichten mit Sauce, sondern durchaus auch eine eigenständige Mahlzeit. Dazu servierte man früher Salat mit oder ohne Kompott.

1 Die Kartoffeln schälen und je nach Grösse halbieren oder vierteln. In nicht zu viel Salzwasser zugedeckt weich kochen. Abgiessen, in die Pfanne zurückgeben und auf der ausgeschalteten Herdplatte trocken dämpfen; für das gute Gelingen der Schupfnudeln ist es wichtig, dass die Kartoffeln nicht mehr feucht sind! Die Kartoffeln durch das Passevite in eine Schüssel treiben.

2 Während die Kartoffeln kochen, die Zwiebel schälen und fein hacken. In der warmen Butter (1) goldgelb dünsten. Leicht abkühlen lassen.

3 Das Mehl über die Kartoffeln sieben. Die Zwiebel, die Eigelb und den Sbrinz beifügen. Den Tilsiter in allerkleinste Würfelchen schneiden und ebenfalls dazugeben. Die Masse mit Salz, Pfeffer sowie Muskatnuss würzen und zu einem festen Teig verarbeiten; je nach Kartoffelsorte und -qualität muss wenn nötig noch etwas Mehl beigefügt werden.

4 Eine Portion Teig aus der Schüssel nehmen und zu einer langen 1 cm dicken Rolle formen. Davon etwa 3 cm lange Stücke abschneiden und diese mit bemehlten Händen zu kleinen, an den Enden zugespitzten Würstchen formen. Auf ein bemehltes Küchentuch legen; darauf achten, dass die Schupfnudeln einander nicht berühren.

5 Die Salbeiblätter in feine Streifen schneiden.

6 In einer beschichteten Bratpfanne die Butter (2) erhitzen und die Salbeiblätter darin kurz braten. Herausnehmen und auf die Seite legen.

7 In der Salbeibutter die Schupfnudeln goldbraun braten; eventuell portionenweise arbeiten und wenn nötig etwas Butter nachgeben, damit die Schupfnudeln nicht am Pfannenboden festkleben. Auf einer vorgewärmten Platte anrichten und die Salbeistreifen darüberstreuen.

Omelettentorte

Für 4 Personen
Vorbereiten: etwa 45 Minuten
Überbacken: 25–30 Minuten

Omelettenteig:
100 g Mehl, ½ Teelöffel Salz, 1 dl Milch, 1 dl Wasser, 2 Eier, 25 g flüssige Butter

Spinatfüllung:
300 g frischer Spinat, 1 mittlere Zwiebel, 1 Esslöffel Butter, 2–3 Esslöffel Crème fraîche, Salz, Pfeffer aus der Mühle

Hackfleischsauce:
1 Esslöffel Bratbutter, 300 g gehacktes Rindfleisch, 1 Dose Pelati-Tomaten (400g), Salz, Pfeffer aus der Mühle

Zum Fertigstellen:
etwas Butter zum Backen der Omeletten, 150 g geriebener Gruyère, 1 dl Rahm

1 Mehl, Salz, Milch und Wasser zu einem glatten Teig rühren. Zuletzt Eier und Butter beifügen. Den Teig 20 Minuten ausquellen lassen.

2 Spinat waschen und abtropfen lassen. Zwiebel schälen und hacken.

3 Die Butter erhitzen. Die Zwiebel darin andünsten. Den Spinat beifügen und mitdünsten, bis er zusammengefallen ist. Ausgetretene Flüssigkeit abgiessen, dabei den Spinat leicht ausdrücken. Dann die Crème fraîche beifügen. Alles noch 2–3 Minuten leise kochen lassen. Würzen und beiseite stellen.

4 In einer weiteren Pfanne die Bratbutter erhitzen. Das Hackfleisch kräftig anbraten. Pelati-Tomaten beifügen, würzen und alles zugedeckt 10–15 Minuten kochen lassen.

5 Eine Bratpfanne mit Butter ausstreichen und erhitzen. Eine kleine Schöpfkelle Omelettenteig hineingeben und unter Drehen der Pfanne auf dem Boden verteilen. Auf jeder Seite so lange braten, bis sich kleine braune Flecken bilden. Auf diese Weise 6–8 Omletten backen.

6 Eine Form ausbuttern und eine Omelette hineinlegen. Darauf etwas Spinatfüllung sowie Gruyère geben. Mit einer Omelette decken und etwas Hackfleischfüllung und Gruyère daraufgeben. Wieder mit einer Omelette decken. So weiterfahren, bis alle Zutaten aufgebraucht sind; mit Hackfleisch und Gruyère abschliessen. Rahm darüberträufeln.

7 Die Omelettentorte im auf 200 Grad vorgeheizten Ofen auf der zweituntersten Rille während 25–30 Minuten überbacken; dunkelt die Oberfläche zu schnell, mit Alufolie decken. Heiss servieren.

Quark-Kartoffel-Tätschli

Für 4 Personen

Vorbereiten: etwa 30 Minuten
Kühl stellen:
mindestens 20 Minuten
Braten: etwa 10 Minuten

300 g mehlig kochende Kartoffeln
50 g magere Bratspecktranchen
1 Esslöffel Butter
1 Bund Petersilie
1 Bund Schnittlauch
250 g Magerquark
1 Ei
Salz, Pfeffer aus der Mühle
1 Prise Muskatnuss
Paniermehl zum Wenden der Küchlein
2–3 Esslöffel Bratbutter

Die kleinen, zarten Küchlein können mit mancherlei Zutaten bereichert werden: Anstelle von gehacktem Speck kann man auch feine Schinkenstreifchen, Käsewürfelchen oder in Butter gedünstete Gemüsewürfelchen (eine oder mehrere Gemüsesorten) untermischen. Sind die Küchlein eine eigenständige Mahlzeit, passt eine Tomatensauce oder Salat dazu.

1 Die Kartoffeln schälen und je nach Grösse halbieren oder vierteln. Zugedeckt in nicht zu viel Salzwasser weich kochen.

2 Während die Kartoffeln kochen, den Speck fein hacken. In der Butter leicht rösten. In eine Schüssel geben.

3 Petersilie und Schnittlauch fein schneiden. Mit dem Quark und dem Ei zum Speck geben. Alles gut mischen und pikant würzen.

4 Die gekochten Kartoffeln abschütten, abtropfen lassen, in die Pfanne zurückgeben und auf der ausgeschalteten Herdplatte trocken dämpfen. Noch warm durch das Passevite zur Quarkmasse treiben. Alles gut mischen und wenn nötig nachwürzen. Mindestens 20 Minuten kühl stellen.

5 Mit leicht bemehlten Händen aus der Quarkmasse kleine Küchlein formen und in Paniermehl wenden.

6 In einer beschichteten Bratpfanne die Bratbutter erhitzen. Die Quark-Kartoffel-Tätschli heineingeben und beidseitig goldbraun braten.

Speckwaffeln

Ergibt 8–10 Stück
Vorbereiten: etwa 20 Minuten
Backen: etwa 20 Minuten

1½ kg Kartoffeln
80 g Mehl
4 Eier
Salz, Pfeffer aus der Mühle
2 Esslöffel Bier
½ Würfel Frischhefe (ca. 20 g)
1 Bund Petersilie
8–10 magere Bratspecktranchen

Ein Waffeleisen gehörte früher in jede Küche, und damit wurden köstliche, omelettenähnliche süsse und pikante Spezialitäten zubereitet. Die Speckwaffeln aus einem Hefeteig mit rohen, fein geriebenen Kartoffeln kann man jedoch gut auch ohne Waffelgerät herstellen, indem man den Teig in reichlich Butter in der Pfanne ausbackt. Als Beilage passt zu den währschaften Speckwaffeln eine Tomatensauce und ein gemischter Salat.

1 Die Kartoffeln schälen. Roh an der Bircher- oder Käseraffel reiben. Die Masse auf ein Küchentuch geben und sehr gut ausdrücken.

2 Das Mehl über die Kartoffeln sieben. Die Eier mit Salz und Pfeffer verquirlen und beifügen. Alles gut mischen.

3 Bier und Hefe zusammen verrühren. Die Petersilie fein hacken. Beides unter den Kartoffelteig mischen und diesen kurz ruhen lassen.

4 Das Waffeleisen gut vorheizen. Den Backofen auf 100 Grad wärmen.

5 Jeweils eine Scheibe Speck auf den unteren Teil des Eisens legen und etwas Teig darübergeben. Das Eisen schliessen und eine goldbraune Waffel backen. Im vorgeheizten Ofen warm stellen, bis alle Waffeln auf die gleiche Weise gebacken sind.

Speckgugelhopf

Ergibt 16–20 Stück

Vorbereiten:
etwa 20 Minuten
Aufgehen lassen:
etwa 1–1½ Stunden
Backen: 45–50 Minuten

500 g Mehl
1 Würfel Frischhefe (42 g)
1 Teelöffel Zucker
150 g Butter
3 dl Milch
1 Teelöffel Salz
1 Ei
200 g Speck am Stück
30 g Baumnusskerne

Ob zu einer Suppe, einem Salat oder einfach zu einem Glas Wein oder Bier – der Speckgugelhopf ist eine originelle Beilage für viele Gelegenheiten. Anstelle von Baumnusskernen kann man ihn auch mit Pinienkernen oder Mandelstiften zubereiten; beide müssen nicht gehackt werden.

1 Das Mehl in eine Schüssel sieben und in der Mitte eine Vertiefung bilden. Die Hefe mit dem Zucker flüssig rühren. In die Mehlmulde giessen und etwas Mehl darüberstäuben. Etwa 10 Minuten ruhen lassen.

2 Inzwischen in einem Pfännchen die Butter schmelzen. Vom Feuer nehmen und Milch sowie Salz beifügen. Gut verrühren. Auf Handwärme abkühlen lassen. Dann das Ei beifügen und verquirlen. Die Mischung zum Mehl geben und alles während 8–10 Minuten zu einem glatten Teig kneten. Zugedeckt in der Schüssel an einem warmen Ort um etwa das Doppelte aufgehen lassen.

3 Den Speck in kleinste Würfelchen schneiden. In einer trockenen Bratpfanne ohne Fettzugabe leicht rösten. Auskühlen lassen.

4 Die Baumnusskerne grob hacken.

5 Speck und Baumnüsse zum aufgegangenen Teig geben und diesen nochmals gut durchkneten.

6 Eine Gugelhopfform ausbuttern und mit Mehl bestäuben. Den Teig einfüllen.

7 Den Speckgugelhopf im auf 200 Grad vorgeheizten Ofen auf der zweituntersten Rille während 45–50 Minuten backen. Lauwarm oder kalt servieren.

Felchen in der Folie
Rezept auf Seite 62

Us öise Seeä und Flüss
Fischgerichte

62 Pochierte Saiblinge
   mit Schalottenbutter

62 Felchen in der Folie

64 Egli im Teig

65 Eglifilets an Weisswein-Kräuter-Sauce

66 Eglifilets Waadtländerart

67 Zander im Kräuterjus

68 Ganze Lachsforellen
   mit Kräuter-Mayonnaise

70 Forelle blau

71 Hechtklösschen mit Gemüse

Pochierte Saiblinge mit Schalottenbutter

Für 4 Personen
Vorbereiten: etwa 30 Minuten
Garen: 12–15 Minuten

Sud:
2 mittlere Rüebli
1 mittlere Zwiebel
3 dl Weisswein
4 dl Wasser
1–2 Thymianzweige
4 Petersilienzweige
1 Lorbeerblatt
10 weisse Pfefferkörner
1 gestrichener Teelöffel Salz

Schalottenbutter:
4 Schalotten
1 dl Weissweinessig
einige Umdrehungen schwarzer Pfeffer aus der Mühle
100 g weiche gesalzene Butter
Salz

Zum Anrichten:
4 Saiblinge, je ca. 300 g schwer

Der Saibling ist ein forellenartiger Fisch, den es in vielen Varietäten gibt, die je nach Gewässer kleine Unterschiede aufweisen. Er besitzt festes, sehr feines Fleisch, das zum Besten überhaupt gehört. Findet man keinen Saibling, kann man das Gericht auch mit Forellen oder Felchen zubereiten.

1 Für den Sud Rüebli schälen und in Streifchen schneiden. Zwiebel schälen und in Ringe schneiden. Beides mit Weisswein, Wasser, Thymian- und Petersilienzweigen, Lorbeerblatt, grob zerdrückten Pfefferkörnern und Salz in eine grosse Pfanne geben. Aufkochen und auf kleinem Feuer 15 Minuten leise kochen lassen.

2 Inzwischen für die Buttermischung Schalotten schälen und fein hacken. Mit Essig und frisch gemahlenem Pfeffer in ein Pfännchen geben. Auf grossem Feuer so lange einkochen, bis alle Flüssigkeit verdampft ist. Dann die Schalotten durch ein Sieb streichen oder mit dem Stabmixer fein pürieren.

3 Die Butter so lange rühren, bis sich kleine Spitzchen bilden. Das Schalottenpüree untermischen und die Butter mit Salz sowie Pfeffer abschmecken.

4 Die Saiblinge kurz unter fliessendem kaltem Wasser spülen.

5 Sud nochmals aufkochen. Fische hineingeben und vor dem Siedepunkt 12–15 Minuten gar ziehen lassen. Es ist wichtig, dass der Sud nicht kocht, sonst platzen die Fische auf und werden trocken. Die Saiblinge sorgfältig herausheben, abtropfen lassen und auf vorgewärmten Tellern anrichten. Schalottenbutter separat dazu servieren.

Dazu passen Petersilienkartoffeln.

Felchen in der Folie

Abbildung Seite 60

Für 4 Personen
Vorbereiten: etwa 15 Minuten
Backen: 30–45 Minuten

4 grosse Felchen
Salz
3 Bund gemischte Kräuter (z.B. Thymian, Dill, Petersilie)
2 grosse Zwiebeln
1 Fenchelknolle
20 g Butter
1½ dl Weisswein

Dieses einfache, aber überaus wirkungsvolle Gericht kann bis aufs Backen vorbereitet werden und eignet sich deshalb auch gut für Gäste. Unsere Mütter verwendeten früher natürlich nicht Alufolie, sondern Pergamentpapier. Es kann auch durch Backpapier ersetzt werden.

1 Die Fische kurz kalt abspülen, dann innen und aussen salzen. Die Hälfte der Kräuter in den Bauch der Felchen verteilen. Die Fische auf jeder Seite zwei- bis dreimal leicht einschneiden.

2 Die restlichen Kräuter fein hacken. Die Zwiebeln schälen und in Ringe schneiden. Die Fenchelknolle rüsten und in sehr feine Streifen schneiden.

3 Vier grosse Blätter Alufolie je in der Mitte mit Butterflocken belegen. Zwiebeln und Fenchel daraufgeben und die gehackten Kräuter darüberstreuen. Die Fische auf das Gemüsebett legen und mit dem Weisswein beträufeln. Die Folien möglichst luftdicht zu Paketen verschliessen. In eine feuerfeste Form oder auf ein Blech legen.

4 Die Fische im auf 200 Grad vorgeheizten Ofen auf der zweituntersten Rille je nach Grösse 30–45 Minuten garen. Die Pakete auf vorgewärmte Teller anrichten und erst am Tisch öffnen.

Egli im Teig

Auch andere Fischsorten (z.B. Felchen, Zander, Hecht) eignen sich zum Ausbacken im klassischen Hefeteig. Eine raffinierte Variante: Geben Sie dem Teig zusammen mit dem Eischnee 2 Esslöffel Sesamsamen bei.

Für 4 Personen
Vorbereiten: etwa 15 Minuten
Teig aufgehen lassen: etwa 1 Stunde
Ausbacken: etwa 10 Minuten

ca. 500 g Eglifilets
Saft von 1 Zitrone
Salz, Pfeffer
Ausbackteig:
150 g Mehl
20 g Hefe
¼ Teelöffel Zucker
2½ dl Weisswein
4 Eiweiss
Salz
Zum Fertigstellen:
Erdnussöl zum Ausbacken

1 Grosse Eglifilets halbieren. Auf eine Platte geben, mit Zitronensaft beträufeln und mit Salz sowie Pfeffer würzen. Im Kühlschrank zugedeckt ziehen lassen.

2 Für den Teig das Mehl in eine Schüssel sieben und in der Mitte eine Vertiefung eindrücken. Die Hefe mit dem Zucker flüssig rühren und in die Mehlmulde geben. Etwas Mehl darüberstäuben. Den Weisswein beifügen. Alles zu einem Teig mischen. Zugedeckt bei Zimmertemperatur 1 Stunde aufgehen lassen.

3 Unmittelbar vor dem Ausbacken der Fische die Eiweiss mit etwas Salz steif schlagen. Den Eischnee mit einem Gummispachtel unter den Teig ziehen.

4 Etwa 1 cm hoch Erdnussöl in eine Bratpfanne geben oder eine Friteuse auf 180 Grad erhitzen.

5 Die Eglifilets gut abtropfen lassen. Portionenweise durch den Teig ziehen und sofort im heissen Öl während 2–3 Minuten golden ausbacken. Auf Küchenpapier abtropfen lassen und warm stellen, bis alle Fische ausgebacken sind.

Nach Belieben mit Salat und/oder Salzkartoffeln sowie einer Sauce Tatar oder einer Kräuter-Mayonnaise (Seite 68) servieren.

Eglifilets an Weisswein-Kräuter-Sauce

Für 4 Personen
Zubereiten: etwa 30 Minuten

400–500 g Eglifilets
Saft von 1 Zitrone
Salz, schwarzer Pfeffer aus der Mühle
4 Schalotten
25 g Butter (1)
2 dl trockener Weisswein
½ Bund Petersilie
½ Bund Basilikum
2 Salbeiblätter
6 Thymianzweige
1 dl Rahm
20 g weiche Butter (2)
1 Teelöffel Mehl

Dieses Gericht gehört zu den Klassikern der Schweizer Fischküche: Eglifilets werden in einem Sud aus Weisswein und gedünsteten Schalotten gegart und anschliessend an einer zarten Rahmsauce mit viel Kräutern serviert.

1 Die Eglifilets mit dem Zitronensaft beträufeln und mit Salz sowie Pfeffer würzen. Kurz ziehen lassen.

2 Inzwischen die Schalotten schälen und fein hacken. In einer weiten Pfanne in der warmen Butter (1) hellgelb dünsten. Mit dem Weisswein ablöschen. Aufkochen und zugedeckt 5 Minuten kochen lassen.

3 Die Eglifilets je nach Pfannengrösse eventuell portionenweise beifügen und zugedeckt je nach Grösse 3–5 Minuten gar ziehen lassen. Sorgfältig herausheben und in einer Platte warm stellen.

4 Den Sud auf grossem Feuer zur Hälfte einkochen lassen.

5 Gleichzeitig alle Kräuter fein hacken.

6 Den Rahm in den Sud geben. Aufkochen und noch 2–3 Minuten kochen lassen. Die Kräuter beifügen. Die weiche Butter (2) und das Mehl mit einer Gabel verkneten. Flockenweise in die leicht kochende Sauce geben und diese mit Salz sowie Pfeffer abschmecken. Über die Eglifilets geben.

Als Beilage passen Salzkartoffeln oder Trockenreis.

Eglifilets Waadtländerart

Eine Weisswein-Rahmsauce mit frischen Champignons und Tomatenwürfelchen begleitet die in der Pfanne kurz gebratenen Fischfilets. Besonders zart wird das Gericht, wenn man die Eglifilets in einem leicht gefetteten Siebeinsatz über Dampf gart.

Für 4 Personen
Zubereiten: etwa 30 Minuten

- 400–500 g Eglifilets
- Salz, Pfeffer aus der Mühle
- Saft von 1 Zitrone
- 1 grosse Fleischtomate
- 100 g Champignons
- 1 Schalotte
- 30 g Butter
- 1 Esslöffel Mehl (1)
- 2 dl Dézaley (Waadtländer Weisswein)
- ¾ dl Rahm
- wenig Mehl zum Bestäuben der Fische (2)
- 2–3 Esslöffel Bratbutter

1 Die Fischfilets mit Salz und Pfeffer würzen und mit dem Zitronensaft beträufeln. Kurz ruhen lassen.

2 Die Tomate kurz in kochendes Wasser tauchen, schälen, quer halbieren, entkernen und klein würfeln.

3 Die Champignons rüsten und in Scheiben schneiden. Die Schalotte schälen und fein hacken.

4 In einer eher weiten Pfanne die Hälfte der Butter erhitzen. Die Champignons darin kurz, aber kräftig anbraten; ziehen sie Saft, diesen vollständig verdampfen lassen. Herausnehmen.

5 Die restliche Butter beifügen und die Schalotte darin andünsten. Mit dem Mehl (1) bestäuben. Alles gut mischen, dann den Weisswein dazugiessen und leicht einkochen lassen, bis die Flüssigkeit bindet. Den Rahm beifügen. Champignons und Tomatenwürfel dazugeben. Die Sauce mit Salz und Pfeffer abschmecken.

6 Etwas Mehl (2) in ein Siebchen geben und die Fische beidseitig damit bestäuben. In einer Bratpfanne die Bratbutter erhitzen. Die Eglifilets darin in 2–3 Portionen beidseitig braten. Auf einer vorgewärmten Platte anrichten und mit der Sauce überziehen. Sofort servieren.

Als Beilage passen kleine, in Butter gebratene Kartoffeln oder Trockenreis.

Zander im Kräuterjus

Ganz einfach und dennoch geschmacklich vollendet: Ein Sud aus Fischfond, Weisswein und Gemüsewürfelchen dient zum Garen der Fischstreifen und ergibt gleichzeitig – mit Butter und Petersilie oder Kerbel verfeinert – die köstliche Sauce zum Fischgericht. Anstelle von Zander kann man auch viele andere Fischsorten auf diese Weise zubereiten.

Für 4 Personen
Zubereiten: etwa 25 Minuten

75 g Knollensellerie
75 g Rüebli
2 Bund glattblättrige Petersilie oder Kerbel
400–500 g Zanderfilets
Salz, Pfeffer aus der Mühle
2 dl Fischfond
1 dl Weisswein, möglichst eine fruchtige Sorte
60 g Butter

1 Sellerie und Rüebli schälen und in allerkleinste Würfelchen (Brunoise) schneiden. Die Petersilie oder den Kerbel fein hacken.

2 Den Zander in breite Steifen schneiden und mit Salz sowie Pfeffer würzen.

3 Den Fischfond, den Weisswein und die Gemüsewürfelchen in eine weite Pfanne geben und aufkochen. Etwa 5 Minuten leicht kochen lassen. Dann die Fischstreifen hineinlegen und zugedeckt auf kleinem Feuer während 3–4 Minuten gar ziehen lassen. Herausheben und warm stellen.

4 Den Sud auf grossem Feuer noch etwa 5 Minuten einkochen lassen. Dann die Petersilie oder den Kerbel dazugeben. Die Butter in Flocken beifügen und in den Jus einziehen lassen. Mit Salz und Pfeffer abschmecken.

5 Die Fischstreifen in tiefe Teller anrichten und mit Jus übergiessen.

Als Beilage passen Salzkartoffeln.

Ganze Lachsforellen mit Kräuter-Mayonnaise

Für 4 Personen
Vorbereiten: etwa 25 Minuten
Backen: 20–30 Minuten

4 eher kleinere Lachsforellen
Saft von 1 Zitrone
Salz, Pfeffer aus der Mühle
2 grosse Rüebli
250 g Champignons
1 Lauchstengel
30 g Butter
1 Bund glattblättrige Petersilie
ca. 1 dl Weisswein

Kräuter-Mayonnaise:
1 Eigelb
Salz, Pfeffer aus der Mühle
½ Teelöffel Senf
1–1¼ dl Öl
½ Bund Schnittlauch
½ Bund Kerbel oder Petersilie
½ dl Rahm

Anstatt als Einzelpakete kann man die Lachsforellen auch nebeneinander in eine grosse feuerfeste Form legen, diese mit Alufolie verschliessen und im Ofen backen. In diesem Fall verlängert sich die Backzeit um 10–15 Minuten.

1 Die Lachsforellen innen und aussen mit Zitronensaft, Salz und Pfeffer würzen.

2 Die Rüebli schälen und in dünne Rädchen schneiden. Die Champignons rüsten und je nach Grösse ganz belassen, halbieren oder vierteln. Den Lauch rüsten und in Ringe schneiden.

3 In einer eher weiten Pfanne 10 g Butter erhitzen. Die Champignons hineingeben und kräftig anbraten; ziehen sie Saft, diesen vollständig verdampfen lassen. Aus der Pfanne nehmen.

4 Die restliche Butter in die Pfanne geben. Darin die Rüebli und den Lauch unter häufigem Wenden etwa 10 Minuten dünsten.

5 Inzwischen die Petersilie fein hacken. Am Schluss zusammen mit den Champignons beifügen und alles mit Salz sowie Pfeffer würzen. Beiseite stellen.

6 Aus Backpapier vier grosse Quadrate schneiden. Die Fische in die Mitte legen. Das Gemüse um und über die Lachsforellen verteilen und alles mit wenig Weisswein beträufeln. Das Pergamentpapier zu Paketen verschliessen und diese auf ein Blech geben.

7 Die Lachsforellen im auf 220 Grad vorgeheizten Ofen auf der zweituntersten Rille je nach Grösse während 20–30 Minuten garen.

8 Für die Mayonnaise das Eigelb mit Salz, Pfeffer und dem Senf verrühren. Das Öl zunächst tropfenweise, dann im Faden langsam unter stetem Rühren dazugiessen und zu einer luftigen Mayonnaise schlagen.

9 Den Schnittlauch in Röllchen schneiden. Petersilie oder Kerbel fein hacken. Den Rahm steif schlagen. Alles unter die Mayonnaise rühren und diese mit Salz sowie Pfeffer abschmecken. Separat zum Fisch servieren.

Tip

Lachs, Lachsforelle und Forelle werden oft in denselben Topf geworfen. Nicht ganz zu Unrecht, gehören sie doch alle zur Familie der Lachse. Forelle ist der Oberbegriff für alle Unterarten der Forellen, welche gemäss ihrem Lebensraum eingeteilt werden. Während Bach-, See- und Regenbogenforellen reine Süsswasserfische sind, lebt die Lachsforelle vorwiegend im nördlichen Atlantik, im Eismeer sowie in der Nord- und Ostsee. Zum Laichen zieht es die Lachsforelle in die Flüsse, weshalb sie auch als Wanderfisch bezeichnet wird. Sie ist mit einer Länge von 80 bis 100 cm und einem Gewicht von 1 bis 5 kg die grösste der Forellen-Unterarten. Ähnlich wie die Lachsforelle ist auch der Lachs ein Wanderfisch. Sein Leben beginnt in klaren Bächen und Flüssen. Im Alter von drei Jahren wandert er ins Meer und kehrt zum Laichen wieder in die Flüsse zurück.

Us öise Seeä und Flüss

Forelle blau

Für 4 Personen
Vorbereiten: etwa 20 Minuten
Pochieren: 10–15 Minuten

Sud:
1 Zwiebel
1 Rüebli
1 kleines Stück Sellerie
1 kleines Stück Lauch
5 dl Weisswein
1½ Liter Wasser
4 Petersilienzweige
nach Belieben 2 Dillzweige
1 Lorbeerblatt
6 schwarze Pfefferkörner
1 Esslöffel Salz

Zum Anrichten:
4 lebendfrische Forellen
nach Belieben ca. 1 dl Weissweinessig
100 g Butter
1 Zitrone

Die typisch blaue Farbe verdanken die Forellen der Schleimschicht auf ihrer Haut. Wird sie zerstört, bleibt die Verfärbung aus. Deshalb die Forellen vor dem Kochen höchstens kurz abspülen und die Fische spätestens 2 Stunden nach dem Töten kochen.

1 Die Zwiebel, das Rüebli, den Sellerie und den Lauch rüsten und in Stücke schneiden. Mit dem Weisswein, dem Wasser, den Petersilien- und Dillzweigen, dem Lorbeerblatt, den grob zerdrückten Pfefferkörnern und dem Salz in eine weite Pfanne geben. Aufkochen, dann zugedeckt auf kleinem Feuer 15 Minuten kochen lassen.

2 Inzwischen die Forellen nach Belieben mit etwas Essig beträufeln; dies verstärkt die Blaufärbung.

3 Die Forellen in den schwach kochenden Sud geben und je nach Grösse der Fische 10–15 Minuten vor dem Siedepunkt ziehen lassen. Die Forellen sind gar, wenn sich die Brustflossen leicht herausziehen lassen. Die Fische sorgfältig herausheben und auf vorgewärmte Teller anrichten.

4 Gegen Schluss der Kochzeit der Forellen die Butter in einem kleinen Pfännchen schmelzen und am besten auf einem kleinen Rechaud warm halten. Die Zitrone in Viertel schneiden. Beides separat zum Fisch servieren.

Hechtklösschen mit Gemüse

Für 4 Personen
Zubereiten: etwa 45 Minuten
(ohne Kühlstellen)

300 g Hechtfleisch, enthäutet und entgrätet gewogen
2½ dl Rahm
1 Eiweiss
Salz, Pfeffer aus der Mühle
1 grosses Rüebli
1 kleiner Zucchetti
1 kleines Stück Sellerie
1 Esslöffel Butter (1)
3 dl Fischfond
1 dl Noilly Prat
oder fruchtiger Weisswein
80–100 g Butter (2)

1 Das Hechtfleisch mit den Fingerspitzen gründlich nach Gräten abtasten und diese mit einer Pinzette herausziehen. Dann das Fleisch klein würfeln und mit dem Rahm und dem Eiweiss etwa 15 Minuten sehr kalt stellen.

2 Hechtfleisch, Rahm und Eiweiss im Cutter oder in einem hohen Becher in zwei Portionen mit dem Stabmixer fein pürieren. Mit Salz und Pfeffer würzen und nochmals 15 Minuten kalt stellen.

3 Inzwischen das Rüebli, den Zucchetti (ungeschält belassen!) sowie den Sellerie rüsten und in dünne Streifchen schneiden. Die Selleriestreifchen 1 Minute in wenig kochendem Wasser blanchieren. Dann alle Gemüsestreifchen in der warmen Butter (1) 4–5 Minuten unter Wenden knapp weich dünsten. Beiseite stellen.

4 In einer eher weiten Pfanne den Fischfond und den Noilly Prat oder Weisswein aufkochen. Aus der Hechtmasse mit Hilfe von zwei Löffeln, die man immer wieder in den heissen Sud taucht, kleine Nocken formen und diese sorgfältig in die Kochflüssigkeit gleiten lassen. Vor dem Siedepunkt je nach Grösse während 5–8 Minuten gar ziehen lassen. Wichtig: Der Sud darf nie sprudelnd kochen! Die Hechtklösschen mit einer Schaumkelle ausheben und zugedeckt warm stellen.

5 Den Sud auf grossem Feuer gut zur Hälfte einkochen lassen. Dann die Butter (2) in kleinen Stücken beifügen und in die Sauce einziehen lassen. Mit Salz und Pfeffer abschmecken. Zuletzt die Gemüsestreifen und die Hechtklösschen beifügen und alles nur noch gut heiss werden lassen.

Als Beilage passen Salzkartoffeln oder Trockenreis.

Marinierter Hohrückenbraten
Rezept auf Seite 74

Äs guets Schtück Fleisch
Herzhafte Fleisch- und Wurstgerichte

74	Marinierter Hohrückenbraten	102	Kotelettbraten mit Fenchel
75	Grossmamas Saftplätzli	103	Schweinsfiletbraten im Wirz
76	Saftplätzli in Biersauce	104	Suppenhuhn
77	Rindfleischvögel an Rotweinsauce	106	Pouletragout mit Gemüse
78	Knoblauch-Rindsbraten	107	Hühnerstreifen an Morchelsauce
79	Marinierte Rindshuftplätzli	108	Kalbsvoressen mit Spargeln
80	Rindsbraten mit Steinpilzen	109	Kalbsragout mit Gemüse
81	Pot-au-feu «de luxe»	110	Paniertes Kalbskotelett
82	Mariniertes Rindsragout	111	Gefüllte Kalbsbrust
83	Ochsenschwanzragout	112	Ganze marinierte Kalbshaxe
84	Balleronkörbchen	113	Geschmorte Kalbshaxe mit weissen Bohnen
84	Cervelat-Kartoffel-Küchlein	114	Kalbsbrustschnitten
86	Zungenwurst im Brätmantel	115	Kalbsfiletpastete
87	Zigeuner-Cervelats	116	Riesenfleischvögel an Madeirasauce
88	Brätbraten	117	Cordon bleu à ma façon
89	Rot-grüne Brätkügelchen		
90	Hackbraten		
91	Geschnetzelte Kalbsleber		
92	Chüngeli-Topf		
93	Kaninchenschenkel mit Totentrompeten		
94	Emmentaler Lammvoressen		
95	Gebeiztes Schweinsvoressen		
96	Schweinshalsbraten		
97	Kräuter-Rippli aus dem Ofen		
98	Schweinsschnitzel Dragonerart		
99	Schweinssteak mit Krautstiel-Rüebli-Gemüse		
100	Schweinsfiletspiesschen an Senfsauce		
101	Schweinskoteletts mit Salbei und Äpfeln		

Äs guets Schtück Fleisch

Marinierter Hohrückenbraten

Für 6–8 Personen
Marinieren: etwa 12 Stunden
Vorbereiten: etwa 15 Minuten
Braten: 60–70 Minuten
Sauce: etwa 15 Minuten

6 Rüebli
½ Staude Stangensellerie
1 Zwiebel
2 Lorbeerblätter
4 Nelken
1–1,3 kg Rindshohrücken
6 Thymianzweige
½ Teelöffel grob zerdrückte schwarze Pfefferkörner
1 Liter Rotwein
Salz, schwarzer Pfeffer aus der Mühle
2–3 Esslöffel Bratbutter oder Olivenöl
2½ dl Kalbsfond oder ersatzweise leichte Fleischbouillon
50 g Butter
1 Esslöffel Mehl

Der Hohrücken gehört zu den zartesten Rindfleischstücken, und in Grossmutters Küche war das leicht durchzogene, sehr saftige Fleisch überaus beliebt. Mit dem wirtschaftlichen Aufschwung geriet der Hohrücken jedoch in den Schatten von Filet, Entrecôte & Co. Entdeckt haben ihn viele Leute wieder in Form von Steaks als Spezialität für den Gartengrill. Wie gut aber Hohrücken auch als Braten schmeckt, zeigt dieses Rezept, in welchem man das Fleisch vor der Zubereitung in einer Rotweinmarinade über Nacht ziehen lässt.

1 Die Rüebli schälen und in Stengelchen schneiden. Den Stangensellerie rüsten, dabei zarte Blätter an den Zweigen belassen. Den Sellerie ebenfalls in Stengelchen schneiden. Die Zwiebel schälen, halbieren und mit den Lorbeerblättern und den Nelken bestecken.

2 Den Rindshohrücken in eine Schüssel legen. Die vorbereiteten Gemüsezutaten, die Thymianzweige und die zerdrückten Pfefferkörner beifügen. Alles mit dem Rotwein übergiessen und zugedeckt an einem kühlen Ort etwa 12 Stunden stehen lassen.

3 Den Ofen auf 150 Grad vorheizen.

4 Den Hohrücken aus der Weinmarinade nehmen und mit Küchenpapier trockentupfen. Mit Salz und Pfeffer würzen. Die Gemüse ebenfalls herausnehmen und abtropfen lassen.

5 In einem Bräter die Bratbutter oder das Olivenöl erhitzen. Den Hohrückenbraten rundum kräftig anbraten. Mit der Marinade ablöschen. Etwa 3–4 Minuten einkochen lassen. Dann den Kalbsfond oder die Bouillon und das Marinadengemüse beifügen. Den Braten ungedeckt auf der zweituntersten Rille des 150 Grad heissen Ofens einschieben und 60–70 Minuten garen; dabei zwei- bis dreimal wenden.

6 Den Braten aus der Sauce nehmen und in doppelt gefaltete Alufolie wickeln. Die Sauce durch ein Sieb giessen. Saucenflüssigkeit und Gemüse getrennt beiseite stellen.

7 Die Hälfte der Butter in einer mittleren Pfanne schmelzen. Das Mehl beifügen und unter Rühren andünsten. Mit der Saucenflüssigkeit ablöschen und auf kleinem Feuer 8–10 Minuten leise kochen lassen. Mit Salz und Pfeffer abschmecken.

8 In einer zweiten Pfanne in der restlichen Butter das Bratgemüse kurz erhitzen und abschmecken.

9 Den Hohrückenbraten in Scheiben aufschneiden, auf einer vorgewärmten Platte anrichten, mit etwas Sauce überziehen und mit dem Gemüse garnieren. Die restliche Sauce separat dazu servieren.

Als Beilage passen Kartoffelstock, nach Belieben mit etwas Sellerie gemischt, eine Polenta oder Nudeln.

Tip

Wenn man beim Probieren einer fertigen Sauce das Gefühl hat, dass ihr der letzte Pfiff fehlt, gibt es verschiedene Möglichkeiten, sie nachzuwürzen:
- Ein Spritzer Worcestershiresauce bekommt allen Saucen gut, die Rindfleisch begleiten.
- Eine Messerspitze Liebig's Fleischextrakt (ungewürzter, eingedickter reiner Fleischsaft) rundet alle Saucen ab.
- Einige Tropfen Zitronensaft verleihen vor allem Rahm- und Buttersaucen eine ganz leichte Säure.
- Ein Spritzer Noilly Prat (trockener französischer Wermut) oder Cognac kann eine Sauce ebenfalls aromatischer machen.

Grossmamas Saftplätzli

Diese in einer Gemüse-Rotwein-Sauce geschmorten Rindsplätzchen sollten so weich gekocht werden, dass man sie mit einer Gabel zerteilen kann.

Für 4 Personen
Vorbereiten: etwa 25 Minuten
Schmoren: 2–2½ Stunden

2 mittlere Rüebli
½ kleiner Knollensellerie
1 kleiner Lauch
1 mittlere Zwiebel
1 Knoblauchzehe
8–12 Rindsplätzli zum Schmoren (z.B. Stotzen), je nach Grösse
Salz, schwarzer Pfeffer aus der Mühle
etwas edelsüsses Paprikapulver
1–2 Esslöffel Bratbutter
1 gehäufter Esslöffel Tomatenpüree
3 dl Rotwein
3 dl Bouillon oder Kalbsfond
1 Lorbeerblatt
1 Zweig Rosmarin
3 Tomaten

1 Rüebli und Sellerie schälen und in kleine Würfelchen schneiden. Den Lauch rüsten, der Länge nach halbieren, waschen, dann in zündholzlange Streifchen schneiden. Die Zwiebel und den Knoblauch schälen und fein hacken.

2 Die Rindsplätzli beidseitig mit Salz, Pfeffer und Paprika würzen. In einem Bräter die Bratbutter erhitzen und das Fleisch in zwei bis drei Portionen anbraten. Herausnehmen.

3 Im Bratensatz Rüebli, Sellerie, Lauch, Zwiebel und Knoblauch unter Wenden andünsten. Das Tomatenpüree beifügen und kurz mitdünsten. Mit dem Rotwein und der Bouillon oder dem Fond ablöschen. Das Fleisch wieder in die Pfanne geben und unter das Gemüse schieben, so dass es mit Flüssigkeit bedeckt ist. Das Lorbeerblatt und den Rosmarinzweig dazulegen. Alles zugedeckt auf kleinem Feuer gut 1 Stunde leise kochen lassen.

4 Inzwischen die Tomaten kurz in kochendes Wasser tauchen, schälen, quer halbieren, entkernen und würfeln.

5 Nach gut 1 Stunde Kochzeit die Tomatenwürfel zum Fleisch geben und alles weitere 1–1½ Stunden schmoren, bis die Plätzli sehr weich sind. Die Sauce nach Belieben mit einem Teil des Gemüses pürieren, mit Rahm verfeinern und mit Salz sowie Pfeffer abschmecken.

Saftplätzli in Biersauce

Für 4 Personen
Vorbereiten: etwa 20 Minuten
Schmoren: 2–2½ Stunden
Fertigstellen: etwa 10 Minuten

- 2 mittlere Zwiebeln
- 8 Rindsplätzli zum Schmoren
- Salz, Pfeffer aus der Mühle
- 2 Esslöffel Bratbutter
- ½ Teelöffel getrockneter Thymian
- 1 kleine Flasche dunkles Bier (33 cl)
- 2 dl Bratenjus (aus Würfel oder Paste zubereitet)
- 2 Scheiben Toastbrot
- 4 Tranchen Bratspeck

Je nach Biersorte, die für dieses Schmorgericht verwendet wird, schmeckt die Sauce immer wieder etwas anders. Die Schmorzeit von Rindsplätzchen hängt vom verwendeten Fleischstück, seiner Reife sowie von der Dicke der Plätzchen ab und kann stark variieren.

1 Die Zwiebeln schälen, halbieren und in feine Streifen schneiden.

2 Die Rindsplätzli beidseitig mit Salz und Pfeffer würzen. In einem Bräter in zwei Portionen in der heissen Bratbutter anbraten. Aus der Pfanne nehmen.

3 Im Bratensatz die Zwiebeln andünsten und ebenfalls herausnehmen.

4 Vier der Rindsplätzchen auf den Boden des Bräters geben. Die Zwiebeln darauf verteilen. Mit den restlichen Plätzchen decken. Den Thymian darüberstreuen. Das Bier und den Bratenjus dazugiessen. Das Fleisch zugedeckt auf kleinem Feuer etwa 2–2½ Stunden schmoren lassen, bis es sehr weich ist.

5 Kurz vor dem Servieren das Toastbrot klein würfeln. Eine Bratpfanne leer erhitzen. Die Specktranchen darin ohne Fettzugabe braten und auf Küchenpapier abtropfen lassen. Im Speckfett die Brotwürfelchen kurz rösten.

6 Die Sauce wenn nötig nachwürzen. Brotwürfelchen und Specktranchen über das Fleisch geben.

Rindfleischvögel an Rotweinsauce

Für 4 Personen

Vorbereiten: etwa 30 Minuten
Schmoren: 1¾–2 Stunden

8 grosse, möglichst dünn geschnittene Rindsplätzli
Salz, Pfeffer, Paprika
1 Bund Petersilie
1 Bund Schnittlauch
200 g Kalbsbrät
4 dünn geschnittene Scheiben Schinken
2 grosse Rüebli
½ kleine Sellerieknolle
1 mittlere Zwiebel
2 Knoblauchzehen
1 Esslöffel Bratbutter
2 Esslöffel Tomatenpüree
5 dl Rotwein oder halb Wein, halb Bouillon

Lassen Sie das Fleisch für diese Rouladen vom Metzger mit der Aufschnittmaschine schneiden, damit es schön dünn ist. Dickere Plätzchen sollten vor dem Belegen zwischen Klarsichtfolie gelegt und mit dem Wallholz flach geklopft werden.

1 Die Fleischplätzchen auf der Arbeitsfläche auslegen und beidseitig mit Salz, Pfeffer und Paprika würzen.

2 Die Petersilie fein hacken, den Schnittlauch in Röllchen schneiden. Die Kräuter mit dem Kalbsbrät mischen.

3 Auf die eine Hälfte jedes Fleischplätzchens eine halbe Scheibe Schinken legen, etwas Brätmasse daraufgeben, die Seiten leicht einschlagen, dann aufrollen. Die Fleischvögel mit Küchenschnur binden.

4 Rüebli und Sellerie schälen und klein würfeln. Zwiebel und Knoblauch schälen und hacken.

5 In einem Schmortopf die Bratbutter erhitzen und die Fleischvögel rundum anbraten. Herausnehmen.

6 Wenn nötig etwas Butter zum Bratensatz geben und das Gemüse, die Zwiebel und den Knoblauch andünsten. Das Tomatenpüree beifügen, unter Rühren kurz mitdünsten, dann mit dem Rotwein ablöschen.

7 Das Fleisch beifügen und alles zugedeckt auf kleinem Feuer während 1¾–2 Stunden weich schmoren. Von Zeit zu Zeit die Flüssigkeit kontrollieren. Wenn nötig etwas Wein oder Wasser nachgiessen. Die Sauce mit Salz und Pfeffer abschmecken.

Knoblauch-Rindsbraten

Für 5–6 Personen
Vorbereiten: etwa 30 Minuten
Schmoren: etwa 3 Stunden

10 Knoblauchzehen
1–1,3 kg Rindsbraten
200 g Saucenzwiebelchen
4–5 Rüebli
½ Sellerieknolle
Salz, Pfeffer aus der Mühle
2 Esslöffel Bratbutter
1 gehäufter Esslöffel Tomatenpüree
ca. 7 dl Rotwein
2 Kalbs- oder Schweinsfüsschen
1 Lorbeerblatt, besteckt mit 2 Nelken
30 g weiche Butter
1 Esslöffel Mehl

1 Den Knoblauch schälen. Mit einem kleinen scharfen Messer im Rindsbraten rundum 10 Einschnitte anbringen und je 1 Knoblauchzehe hineinstecken. Nach Belieben das Bratenstück mit Küchenschnur in Form binden.

2 Die Zwiebelchen in kochendem Wasser 1 Minute blanchieren. Abschütten und kalt abschrecken. Den Wurzelansatz wegschneiden und die Zwiebelchen aus den Häuten drücken.

3 Rüebli und Sellerie schälen und in etwa 1 cm grosse Würfel schneiden.

4 Den Braten kräftig salzen und pfeffern. In einem Bräter die Bratbutter erhitzen. Das Bratenstück darin rundum gut anbraten. Aus der Pfanne nehmen.

5 Im Bratensatz Gemüse und Zwiebelchen andünsten. Tomatenpüree beifügen und kurz mitdünsten. Dann löffelweise 1 dl Wein beifügen und jedesmal fast vollständig verdampfen lassen.

6 Den Braten wieder in die Pfanne geben. Restlichen Wein dazugiessen. Kalbs- oder Schweinsfüsschen sowie bestecktes Lorbeerblatt beifügen. Alles aufkochen.

7 Den Bräter zugedeckt in den auf 180 Grad vorgeheizten Ofen geben. Den Rindsbraten etwa 3 Stunden leise schmoren lassen. Von Zeit zu Zeit die Flüssigkeit kontrollieren und wenn nötig etwas Rotwein nachgiessen.

8 Braten aus der Sauce nehmen und in Scheiben schneiden. Mit dem Gemüse in einer tiefen Platte anrichten und diese mit Alufolie decken. Im ausgeschalteten Ofen warm stellen.

9 Sauce auf dem Herd aufkochen. Butter und Mehl mit einer Gabel verkneten und flockenweise in die leicht kochende Sauce geben; sie soll ganz leicht binden. Abschmecken. Über den Braten und das Gemüse geben.

Marinierte Rindshuftplätzli

Für 4 Personen
Vorbereiten: etwa 10 Minuten
Marinieren: etwa 30 Minuten
Fertigstellen: etwa 5 Minuten

8 grosse, gut gelagerte, dünn geschnittene Rindshuftplätzli
je ½ Bund Petersilie, Basilikum und Thymian
6 grüne oder schwarze Oliven
1 Esslöffel körniger Senf
½ dl kaltgepresstes Olivenöl
Salz, schwarzer Pfeffer aus der Mühle

Quasi die moderne Schnellvariante von Grossmutters Schmorplätzchen: Gut gelagerte Rindshuft ergibt würzige, zarte Plätzchen, die minutenschnell in der Pfanne gebraten werden. Anstelle von Oliven könnte man auch einige in Öl eingelegte Dörrtomaten fein hacken und der Marinade beifügen.

1 Die Rindshuftplätzli nach Belieben halbieren. In einer Platte auslegen.

2 Petersilie und Basilikum fein hacken. Thymianblättchen von den Zweigen zupfen. Die Oliven wenn nötig entsteinen und ebenfalls fein hacken. Zusammen mit den Kräutern, dem Senf und dem Öl zu einer Marinade mischen. Auf die Plätzli streichen und mindestens 30 Minuten, besser aber länger ziehen lassen.

3 Eine Grill- oder Bratpfanne leer stark erhitzen. Die marinierten Plätzli mit Salz und Pfeffer würzen. Portionenweise ohne weitere Fettzugabe auf der ersten Seite 1 Minute, auf der zweiten nur gerade 10–15 Sekunden braten. Auf vorgewärmten Tellern anrichten und sofort servieren.

Als Beilage passen Knoblauch- oder Olivenbrötchen sowie Salat oder Gemüse.

Rindsbraten mit Steinpilzen

Für 6 Personen

Pilze einweichen:
etwa 30 Minuten
Vorbereiten: etwa 10 Minuten
Garziehen: 3½–4 Stunden

60 g getrocknete Steinpilze
2 grosse Zwiebeln
2 Knoblauchzehen
ca. 1 kg Rindfleisch (runder Mocken oder falsches Filet)
Salz, schwarzer Pfeffer aus der Mühle
4 Esslöffel Olivenöl
ca. 5 dl Rotwein

Zwei Punkte entscheiden über das Gelingen dieses Bratens: die Wahl eines gut gelagerten Fleischstückes und Geduld bei der Zubereitung. Bei ersterem müssen Sie dem Metzger vertrauen, beim zweiten aber sind Sie gefordert, denn das Fleisch soll nicht schmoren, sondern nur ganz langsam garziehen.

1 Steinpilze in lauwarmes Wasser geben und etwa 30 Minuten einweichen. Abschütten und leicht ausdrücken.

2 Die Zwiebeln und die Knoblauchzehen schälen und grob hacken.

3 Das Bratenstück mit Salz und Pfeffer würzen. In eine Pfanne mit gut sitzendem Deckel legen und die Pilze, die Zwiebeln und den Knoblauch darum herum verteilen. Alles mit dem Olivenöl beträufeln. Den Wein dazugiessen; das Bratenstück soll etwa zur Hälfte in der Flüssigkeit liegen.

4 Alles langsam aufkochen. Dann die Hitze auf kleinste Stufe reduzieren (evtl. die Herdplatte kurz ausschalten); der Sud soll kaum mehr sichtbar kochen. Das Fleisch zugedeckt 3½–4 Stunden garziehen lassen; es darf auf keinen Fall kochen! Nach der Hälfte der Garzeit wenden.

5 Vor dem Servieren den Braten herausnehmen und in doppelt gefaltete Alufolie wickeln. Die Sauce aufkochen und auf grossem Feuer 8–10 Minuten kochen lassen. Am Schluss mit Salz und Pfeffer nachwürzen. Den Braten dünn aufschneiden, auf einer vorgewärmten Platte anrichten und mit etwas Pilzjus überziehen. Die restliche Sauce separat dazu servieren.

Pot-au-feu «de luxe»

Für 4–6 Personen
Vorbereiten: etwa 15 Minuten
Kochen: 3–4 Stunden

Sud:
- 1 Zwiebel
- 1 Lorbeerblatt
- 2 Nelken
- 2 Rüebli
- ½ Sellerieknolle
- 1 Lauchstengel
- 4 Suppenknochen
- 2 Thymianzweige
- 4 Petersilienstengel
- 12 zerdrückte schwarze Pfefferkörner
- 800–1000 g Siedfleisch
- Salz

Zum Servieren:
- 1 Bund Karotten oder 250 g Rüebli
- 2 Lauchstengel
- 1 Sellerieknolle
- 1 kleiner Wirz oder Kabis
- 4 mittlere Zwiebeln

Luxuriös ist dieser Siedfleischtopf deshalb, weil man das Gemüse, das man in der Suppe mitkocht, zum Servieren durch frsch gekochtes ersetzt. Wer den Pot-au-feu noch reichhaltiger wünscht, gibt einige Markknochen sowie eine Wurst dazu. Man sollte jedoch wegen des Geschmacks die Markknochen (bis auf einen) und die Wurst separat in Salzwasser garziehen lassen.

1 Für den Sud die Zwiebel halbieren, jedoch nicht schälen. Auf der heissen Herdplatte auf einem Stück Alufolie mit der Schnittstelle nach unten anrösten. Dann mit dem Lorbeerblatt und den Nelken bestecken. Rüebli, Sellerie und Lauch rüsten und in kleine Stücke schneiden. Alle vorbereiteten Zutaten mit Suppenknochen, Thymian- und Petersilienzweigen sowie den Pfefferkörnern mit 2 Liter Wasser in eine grosse Pfanne geben. Langsam aufkochen.

2 Das Siedfleisch beifügen und alles nochmals aufkochen. Dann die Temperatur so einstellen, dass die Flüssigkeit nicht mehr kocht, sondern unmittelbar vor dem Siedepunkt bleibt. Den Pot-au-feu am Anfang regelmässig abschäumen. Leicht salzen oder mit einem Fleischbouillonwürfel würzen. Das Siedfleisch je nach Qualität während 3–4 Stunden garziehen lassen.

3 Etwa 45 Minuten vor dem Servieren die zweite Portion Gemüse rüsten und in nicht zu kleine Stücke schneiden. Über Dampf oder in wenig Sud separat knackig kochen.

4 Das Fleisch aus dem Sud nehmen, in Tranchen schneiden und mit dem separat gekochten Gemüse anrichten. Den Sud abschmecken und nach Belieben als Vorspeise servieren.

Äs guets Schtück Fleisch

Mariniertes Rindsragout

Für 6 Personen

Marinieren: etwa 2 Tage
Vorbereiten: etwa 15 Minuten
Schmoren: 2–2½ Stunden

- 1–1,2 kg Rindsragout
- 7 dl Rotwein
- 1 dl Balsamico- oder kräftiger Rotweinessig
- 10 schwarze Pfefferkörner, 5 Wacholderbeeren, 5 Pimentkörner, 2 Nelken, 2 Lorbeerblätter
- 1 Rüebli, ¼ Knollensellerie, 1 kleine Zwiebel

Zum Schmoren:

- 1 grosses Rüebli, ¼ Knollensellerie, 1 mittlere Zwiebel, Salz, Pfeffer aus der Mühle
- 2 Esslöffel Bratbutter
- 1 Esslöffel Tomatenpüree
- 2½ dl Fleischbouillon
- 1 Rosmarinzweig
- 30 g Sultaninen

1 Die Fleischwürfel in einen grossen Gefrierbeutel geben. Rotwein und Balsamicoessig dazugiessen. Pfefferkörner, Wacholderbeeren und Pimentkörner grob zerdrücken und mit den Nelken sowie den Lorbeerblättern beifügen. Rüebli und Sellerie schälen und würfeln. Die Zwiebel schälen und halbieren. Alles zum Fleisch geben und dieses mindestens 2 Tage an einem kühlen Ort marinieren.

2 Zum Schmoren Rüebli, Sellerie und Zwiebel schälen und klein würfeln.

3 Das Fleisch aus der Marinade nehmen und auf Küchenpapier abtropfen lassen. Die Marinade durch ein Sieb giessen und beiseite stellen.

4 Die Fleischwürfel mit Salz und Pfeffer würzen. In einem Bräter in der heissen Bratbutter in 3–4 Portionen anbraten. Aus der Pfanne nehmen.

5 Im Bratensatz Rüebli, Sellerie und Zwiebel kräftig anbraten. Das Tomatenpüree beifügen. Mit der Bouillon sowie gut der Hälfte der Marinade ablöschen. Das Fleisch wieder beifügen und den Rosmarinzweig dazulegen.

6 Den Bräter zugedeckt in den auf 200 Grad vorgeheizten Ofen auf die unterste Rille geben. Das Ragout je nach Qualität während 2–2½ Stunden weich schmoren. Wenn nötig etwas Marinade nachgiessen.

7 Fleischwürfel und Rosmarinzweig aus der Sauce nehmen und warm stellen. Die Sauce im Mixer oder mit dem Stabmixer fein pürieren. In die Pfanne zurückgeben, die Sultaninen beifügen und alles noch etwa 5 Minuten kochen lassen. Dann das Fleisch wieder beifügen und nur noch gut heiss werden lassen. Abschmecken.

Ochsenschwanzragout

Nostalgie pur: Das würzigste aller Ragouts wird leider nicht mehr oft zubereitet – wohl wegen seiner langen Kochzeit. Doch das Resultat wird Ihnen Applaus eintragen!

Für 4 Personen

Vorbereiten: etwa 20 Minuten
Schmoren: insgesamt 4–4½ Stunden

1 kg Ochsenschwanz, vom Metzger in Stücke geschnitten
1 grosser Lauchstengel
1 mittlere Zwiebel
2 Knoblauchzehen
6 Rüebli
4 Zweige Stangensellerie
Salz, schwarzer Pfeffer aus der Mühle
3–4 Esslöffel Olivenöl
2½ dl Rotwein
ca. 5 dl Fleischbouillon
400 g Pelati-Tomaten
1 gehäufter Esslöffel Tomatenpüree

1 Die Ochsenschwanzstücke in kochendes Wasser geben und 3–4 Minuten blanchieren. Abschütten und gut abtropfen lassen.

2 Den Lauch rüsten und in fingerlange Stücke schneiden. Die Zwiebel schälen und halbieren. Den Knoblauch schälen und in Scheiben schneiden. Zwei Rüebli schälen und der Länge nach halbieren. Zwei Selleriezweige in Stücke schneiden. Restliches Gemüse beiseite legen.

3 Die Ragoutstücke mit Salz und Pfeffer würzen. Im heissen Olivenöl anbraten. Aus der Pfanne nehmen.

4 Im Bratensatz das vorbereitete Gemüse anbraten. Das Fleisch wieder beifügen. Den Rotwein dazugiessen und leicht einkochen lassen. Dann die Bouillon beifügen. Alles zugedeckt auf kleinem Feuer 3½–4 Stunden weich schmoren.

5 Gegen Ende der Kochzeit restliche Rüebli und Selleriestangen rüsten und in Scheiben schneiden. Die Pelati-Tomaten abschütten und halbieren.

6 Das mitgekochte Gemüse aus der Sauce entfernen. Das Tomatenpüree dazurühren. Rüebli, Sellerie und Tomaten beifügen und alles mit Salz sowie Pfeffer würzen. Das Ragout nochmals 30 Minuten zugedeckt kochen lassen.

Dazu passt eine Polenta oder Kartoffelstock.

Äs guets Schtück Fleisch

Balleronkörbchen

Für 4 Personen
Zubereiten: etwa 30 Minuten

250 g Blattspinat
Salz, schwarzer Pfeffer
250 g Champignons
1 mittlere Zwiebel
2 Knoblauchzehen
1 Esslöffel Butter
50 g Doppelrahm-Frischkäse
8 Scheiben Balleronwurst mit Haut
1 Esslöffel Bratbutter

Die Balleronwurst ist verwandt mit der Lyoner, ist aber etwas kleiner. Die in Scheiben geschnittene Wurst formt sich beim Braten zu Körbchen, die in diesem Rezept mit einer Spinat-Champignon-Masse gefüllt werden.

1 Den Spinat gründlich waschen. Tropfnass in eine Pfanne geben, mit Salz und Pfeffer würzen und so lange dünsten, bis er zusammengefallen ist. Abschütten und gut ausdrücken, dann nicht zu fein hacken.

2 Die Champignons rüsten, in Scheiben schneiden, dann fein hacken. Zwiebel und Knoblauch schälen und ebenfalls hacken.

3 In einer weiten Pfanne die Butter hellgelb dünsten. Zwiebel und Knoblauch darin hellgelb dünsten. Die Hitze höher stellen. Die Champignons beifügen und kräftig mitdünsten. Dabei ziehen die Pilze Saft; diesen vollständig verdampfen lassen. Die Masse am Schluss mit Salz und Pfeffer würzen. Zum Spinat geben. Den Doppelrahm-Frischkäse unterrühren.

4 Die Wurstscheiben in der heissen Butter auf der einen Seite langsam goldbraun braten; durch das Braten zieht sich die Haut zusammen, und es entstehen kleine Körbchen. Diese mit der Spinat-Pilz-Masse füllen. Einen Deckel aufsetzen und noch so lange auf dem Feuer belassen, bis die Füllung gut heiss ist.

Tip

Anstelle der Spinat-Champignons-Masse können die Balleronkörbchen auch mit anderen Zutaten gefüllt werden:
- Champignons und Eierschwämmchen mit gehackter Zwiebel in Butter andünsten, mit Rahm ablöschen und zuletzt mit gehacktem Kerbel verfeinern.
- Ein Rührei mit viel Schnittlauch und/oder kleinen Käsewürfelchen zubereiten.
- Erbsen mit gehackter Zwiebel in Bouillon dünsten, Garflüssigkeit abgiessen, Rahm beifügen und diesen so lange einkochen lassen, bis er leicht bindet; mit viel Petersilie verfeinern.

Cervelat-Kartoffel-Küchlein

Für 4–5 Personen
Zubereiten: etwa 35 Minuten

4 Cervelats
2 Esslöffel Senf
2 Bund Petersilie
800 g mehlig kochende Kartoffeln
4 Eigelb
Salz, schwarzer Pfeffer aus der Mühle
3–4 Esslöffel Bratbutter

In Petersilie gewälzte Cervelatscheiben sind die «Füllung» dieser Kartoffelküchlein, zu denen ein gemischter Salat oder eine Tomatensauce die passende Beilage sind.

1 Die Cervelats häuten und in 24 gut ½ cm dicke Scheiben schneiden. Dünn mit Senf bestreichen.

2 Die Petersilie fein hacken. Die Cervelatscheiben darin wenden.

3 Die Kartoffeln schälen und roh an der Röstiraffel reiben. Sofort in einem sauberen Küchentuch gut ausdrücken. Dann die Kartoffeln mit den Eigelb mischen und pikant mit Salz sowie Pfeffer würzen.

4 Die Cervelatscheiben von beiden Seiten mit Kartoffelmasse decken und diese gut anpressen, so dass kleine Küchlein entstehen.

5 In einer beschichteten Bratpfanne die Bratbutter erhitzen und die Küchlein zuerst zugedeckt, dann gegen Schluss offen beidseitig langsam goldbraun braten.

Balleronkörbchen

Cervelat-Kartoffel-Küchlein

Äs guets Schtück Fleisch

Zungenwurst im Brätmantel

Die im Brät eingehüllte Wurst kann auch eine Saucisson oder eine andere Kochwurst sein, und das Gemüse, das im Brätmantel steckt, variiert je nach Jahreszeit und persönlicher Vorliebe (z.B. Rüebli, Sellerie, Kohlrabi, Broccoliröschen).

Für 5–6 Personen
Vorbereiten: etwa 30 Minuten
Backen: etwa 50 Minuten

- 1 Zungenwurst (300–400 g)
- 1 mittlere Zucchetti
- ½ rote Peperoni
- 2 Esslöffel Olivenöl
- 1 Bund Schnittlauch
- 600 g Kalbsbrät

1 Sofern die Zungenwurst nicht bereits vom Metzger gekocht wurde, diese in eine Pfanne geben und mit Wasser bedeckt etwa 30 Minuten vor dem Siedepunkt gar ziehen lassen. Dann die Wurst kurz unter kaltem Wasser abschrecken und häuten.

2 Während die Wurst kocht, das Gemüse vorbereiten: Den Stielansatz der Zucchetti entfernen und diese ungeschält zuerst der Länge nach in Scheiben, dann in Streifen und zuletzt in kleine Würfelchen schneiden. Die Peperoni entkernen und ebenfalls klein würfeln. Die beiden Gemüse im Olivenöl unter Wenden 3–4 Minuten dünsten. Etwas abkühlen lassen.

3 Den Schnittlauch in Röllchen schneiden. Mit den Peperoni- und Zucchettiwürfelchen zum Kalbsbrät geben. Alles gut mischen.

4 Eine mittlere Cakeform mit Backpapier auskleiden und dieses gut bebuttern. Die Hälfte der Brätmasse hineingeben. Die Zungenwurst daraufgeben, leicht in die Masse drücken und mit dem restlichen Brät bedecken.

5 Den Brätcake im auf 180 Grad vorgeheizten Ofen auf der zweituntersten Rille während 50 Minuten backen. Heiss, lauwarm oder kalt servieren.

Als Beilage passen Bratkartoffeln oder ein Kartoffelsalat sowie grüner Salat.

Zigeuner-Cervelats

Für 4 Personen

Vorbereiten: etwa 10 Minuten
Braten: 12–15 Minuten

4 Cervelats
1 Bund Petersilie
4 Tranchen Gruyère,
je etwa 40 g schwer
4 lange Tranchen Bratspeck

Es gibt mancherlei Verwandte der Cervelats, wie zum Beispiel Schützenwürste, Chlöpfer, kleine Lyoner oder dick geschnittene Fleischkäsestreifen, die sich für die Zubereitung dieses beliebten Wurstgerichtes aus der Familienküche eignen. Als Beilage serviert man Gemüse (z.B. einen Rüebli-Kartoffel-Topf, mit Bouillon und viel Petersilie zubereitet) oder einen Kartoffel-Zwiebel-Gratin, den man vor dem Braten der Würste im Ofen zubereitet hat.

1 Die Cervelats häuten und der Länge nach halbieren.

2 Die Petersilie fein hacken.

3 Die Käsescheiben mit etwas Wasser bestreichen und in der Petersilie wenden. Auf vier Wursthälften legen und mit je einer Wursthälfte decken. Die Cervelats mit einer Specktranche satt umwickeln, mit Zahnstocher fixieren und auf ein mit Backpapier belegtes Blech geben.

4 Die Zigeunerwürste im auf 220 Grad vorgeheizten Ofen auf der zweituntersten Rille 12–15 Minuten braten.

Brätbraten

Für 4–5 Personen
Vorbereiten: etwa 20 Minuten
Backen: 40–45 Minuten

4 Eier
1 Zucchetti
je ½ gelbe und rote Peperoni
1 Bund Petersilie
1 Bund Basilikum
je 300 g Kalbs- und Schweinsbrät oder nur eine Sorte
2–3 Esslöffel Doppelrahm oder Crème fraîche
Salz, Pfeffer aus der Mühle
etwas Cayennepfeffer oder einige Tropfen Tabasco

Brät gehört zu den preisgünstigsten Fleischspezialitäten und ist erst noch vielfältig in der Verwendung. In diesem Rezept ergibt das Brät einen cakeähnlichen Braten mit reichlich Kräutern, klein gewürfeltem Gemüse und hartgekochten Eiern; er schmeckt sowohl warm wie kalt serviert gleichermassen gut.

1 Die Eier mit kaltem Wasser bedeckt in einer Pfanne aufkochen und ab Siedepunkt während 5 Minuten wachsweich kochen. Kalt abschrecken. Schälen.

2 Die Zucchetti ungeschält in kleine Würfelchen schneiden. Die Peperoni halbieren, entkernen, waschen und ebenfalls klein würfeln. Petersilie und Basilikum fein hacken.

3 Das Brät in eine Schüssel geben. Gemüsewürfelchen, Kräuter, Doppelrahm oder Crème fraîche beifügen und mit wenig Salz, jedoch reichlich frisch gemahlenem Pfeffer sowie Cayennepfeffer oder Tabasco würzen. Alles sehr gut mischen.

4 Die Hälfte der Brätmasse in eine beschichtete, gut ausgebutterte Cakeform von etwa 24 cm Länge füllen. Die Eier darauf verteilen und leicht in den Brätteig drücken. Die restliche Brätmasse darübergeben und mit einem in Wasser getauchten Spachtel glattstreichen.

5 Den Brätbraten im auf 220 Grad vorgeheizten Ofen auf der zweituntersten Rille 40–45 Minuten goldbraun backen. Heiss oder kalt servieren.

Rot-grüne Brätkügelchen

Für 4 Personen
Zubereiten: etwa 30 Minuten

500 g Kalbsbrät
3 Esslöffel Tomatenpüree
1 Liter Wasser
1½ Hühner- oder Fleisch-bouillonwürfel
25 g Butter
2 gestrichene Esslöffel Mehl
1 dl Rahm
300 g ausgelöste Erbsen (evtl. tiefgekühlt)
Salz, schwarzer Pfeffer aus der Mühle

Ein Gericht, das nicht nur Kinder besonders gerne mögen: Das zarte Kalbsbrät erhält durch Tomatenpüree eine rötliche Farbe und wird zu kleinen Kügelchen geformt, die man in Bouillon gar ziehen lässt. Nach Belieben kann der Sud, der zur Sauce weiterverarbeitet wird, mit etwas Weisswein, Noilly Prat, trockenem Sherry oder Portwein aromatisiert werden.

1 Das Kalbsbrät mit dem Tomatenpüree mischen.

2 Wasser und Bouillonwürfel in einer eher weiten Pfanne aufkochen. Mit zwei Teelöffeln, die man immer wieder in die kochende Flüssigkeit taucht, das Brät abstechen, zu kleinen Kugeln formen und in die Bouillon gleiten lassen. 3–4 Minuten ziehen lassen. Dann mit einer Schaumkelle herausheben und gut abtropfen lassen. Beiseite stellen.

3 4 dl der Bouillon in einen Messbecher absieben und beiseite stellen. Restliche Bouillon abschütten.

4 Die Butter in die Pfanne geben und schmelzen. Das Mehl beifügen und unter Rühren kurz andünsten. Langsam die abgemessene Bouillon dazurühren. Die Sauce aufkochen. Den Rahm und die Erbsen beifügen. Alles mit Salz und Pfeffer würzen und 5 Minuten zugedeckt kochen lassen.

5 Nun die Brätkügelchen wieder beifügen und während 3–4 Minuten nur noch gut heiss werden lassen.

Als Beilage passen Reis, Teigwaren oder Kartoffelstock.

Hackbraten

Für 5–6 Personen
Vorbereiten: etwa 15 Minuten
Backen: etwa 60 Minuten

1 mittlere Zwiebel
2 Knoblauchzehen
1 Bund Petersilie
100 g Schinken
200 g Kalbsbrät
600 g Hackfleisch, gemischt (z.B. Kalb/Schwein oder Kalb/Rind) oder nur eine Sorte
1 Ei
4 Esslöffel Rahm
1 Esslöffel Senf
Salz, Pfeffer, Paprika
2 Esslöffel Bratbutter
2½ dl Weisswein
1 dl Rahm

Als «Nationalgericht» der Familienküche könnte man den Hackbraten bezeichnen, und fast jede Köchin und jeder Koch schwört auf das eigene Geheimrezept. Das fängt bei der Wahl der Fleischsorte an und geht über die übrigen Zutaten bis zur Zubereitungsweise.

1 Zwiebel und Knoblauch schälen und fein hacken. Petersilie und Schinken ebenfalls fein hacken. Alles in eine Schüssel geben. Brät und Hackfleisch beifügen. Ei, Rahm und Senf gut verrühren und dazugeben. Die Masse pikant mit Salz, viel Pfeffer und Paprika würzen. Alles gründlich durchkneten.

2 Den Backofen auf 220 Grad vorheizen. Einen Bräter auf die zweitunterste Rille des Ofens stellen, die Bratbutter hineingeben und erhitzen.

3 Mit nassen Händen aus der Fleischmasse einen brotähnlichen Laib formen und in den Bräter legen. Bei 220 Grad während 20 Minuten anbraten.

4 Die Hälfte des Weissweins über den Hackbraten träufeln. Die Ofenhitze auf 200 Grad reduzieren. Den Hackbraten weitere 30 Minuten braten; dabei nach und nach mit dem restlichen Weisswein, später mit dem Bratenjus häufig übergiessen.

5 Den Rahm dazugiessen und den Hackbraten nochmals 10 Minuten im Ofen belassen.

Als Beilage passen Teigwaren oder Bratkartoffeln sowie Rüebli- oder Spinatgemüse.

Geschnetzelte Kalbsleber

Für 4 Personen
Zubereiten: etwa 20 Minuten

1 mittlere Zwiebel
2 säuerliche Äpfel
50 g Butter
500 g geschnetzelte Kalbsleber
1 Teelöffel Mehl
½ dl Weisswein
1 dl Fleisch- oder Hühnerbouillon
Salz, schwarzer Pfeffer aus der Mühle

Die Kalbsleber ist die feinste unter den Lebersorten, sowohl im Geschmack wie von der Fleischqualität her. Früher kombinierte man diese Spezialität mit säuerlichen Äpfeln – eine Kombination, die auch heute noch umwerfend gut schmeckt!

1 Die Zwiebel schälen, halbieren und in Streifen schneiden.

2 Die Äpfel schälen, vierteln, das Kerngehäuse entfernen und die Früchte in nicht zu dünne Schnitze schneiden.

3 Die Hälfte der Butter in einer Bratpfanne erhitzen. Die Kalbsleber (ungewürzt!) in zwei Portionen kurz anbraten; sie soll innen praktisch noch roh sein. Zugedeckt warm stellen.

4 Die restliche Butter zum Bratensatz geben. Die Zwiebel darin unter Wenden kurz dünsten. Dann die Apfelschnitze beifügen und nur so lange mitbraten, bis sie glasig sind; dies dauert je nach Apfelsorte 2–4 Minuten.

5 Die Leber wieder beifügen. Das Mehl in ein Siebchen geben und darüberstäuben. Alles sorgfältig mischen. Dann mit dem Weisswein und der Bouillon ablöschen. Einmal aufkochen und das Fleisch erst jetzt mit Salz und Pfeffer würzen. Sofort servieren.

Dazu passt Rösti oder Trockenreis.

Äs guets Schtück Fleisch

Chüngeli-Topf

Dieses Gericht war früher ein typisches Sonntags- oder Festessen, das je nach Jahreszeit mit immer wieder anderem Gemüse zubereitet wurde.

Für 4 Personen
Zubereiten: etwa 1½ Stunden

- 1 grosses Kaninchen, vom Metzger in Stücke zerteilt
- 100 g in Scheiben geschnittener Bratspeck
- 2 Knoblauchzehen
- 1 Esslöffel Bratbutter
- Salz, schwarzer Pfeffer
- 1 Esslöffel Tomatenpüree
- 1 gestrichener Esslöffel Mehl
- 2½ dl Rotwein
- 1 mittlere Zwiebel
- 2 Lorbeerblätter
- 5 Nelken
- 1 Zweig Rosmarin
- ca. 1 dl Bouillon

Gemüse:
3 grosse Rüebli, 100 g Kefen oder grüne Bohnen, 2 Bund Frühlingszwiebeln, 1 Esslöffel Butter, ½ dl Bouillon, 10 grosse Cherry-Tomaten

1 Die Kaninchenstücke mit kaltem Wasser spülen und trockentupfen.

2 Bratspeck in Streifchen schneiden. Knoblauch schälen und fein hacken.

3 Die Bratbutter in einem Bräter erhitzen. Die Speckstreifen anbraten. Die Kaninchenstücke mit Salz und Pfeffer würzen. Zum Speck geben und gut anbraten. Aus der Pfanne nehmen.

4 Hitze reduzieren. Knoblauch zum Bratensatz geben und kurz andünsten. Tomatenpüree beifügen und Mehl darüberstäuben. Alles kurz mitdünsten. Mit Rotwein ablöschen und diesen leicht einkochen lassen.

5 Zwiebel schälen, halbieren und mit Lorbeerblättern und Nelken bestecken. Mit dem Fleisch und dem Rosmarin in den Bräter geben. Die Bouillon dazugiessen. Den Bräter decken.

6 Das Kaninchenragout im auf 200 Grad vorgeheizten Ofen auf der zweituntersten Rille während etwa 1¼ Stunden weich schmoren.

7 Gemüse rüsten. Rüebli in Stengelchen schneiden. Kefen schräg halbieren. Frühlingszwiebeln der Länge nach halbieren, dann in Stücke schneiden. Alles kurz in der Butter dünsten. Dann die Bouillon dazugiessen und das Gemüse knackig garen.

8 Die Tomaten nach Belieben kurz in kochendes Wasser tauchen und schälen. Nach 1 Stunde Garzeit mit dem gedünsteten Gemüse zum Ragout geben und 15 Minuten mitkochen.

Kaninchenschenkel mit Totentrompeten

Für 4 Personen

Pilze einweichen: 1 Stunde
Zubereiten:
etwa 60–75 Minuten

20 g getrocknete Totentrompeten
2 grosse Schalotten
1 Knoblauchzehe
4 Kaninchenschenkel
Salz, schwarzer Pfeffer aus der Mühle
1 Esslöffel Bratbutter
1 dl Weisswein
2 dl Kalbs- oder Geflügelfond oder leichte Bouillon
1 dl Crème fraîche
1 Bund Petersilie

Dieses einfache Kaninchengericht kann statt mit Schenkeln auch mit Ragoutstücken oder Poulet zubereitet werden.

1 Die Totentrompeten mindestens 1 Stunde in heissem Wasser einweichen. Abschütten und gut abtropfen lassen.

2 Schalotten und Knoblauch schälen und fein hacken.

3 Kaninchenschenkel mit Salz und Pfeffer würzen. In einer eher weiten Pfanne in der Bratbutter rundum nicht zu heiss anbraten. Aus der Pfanne nehmen.

4 Schalotten, Knoblauch und Pilze zum Bratensatz geben und unter Wenden andünsten. Mit dem Weisswein ablöschen. Kurz einkochen lassen. Den Fond oder die Bouillon sowie die Crème fraîche dazugiessen und die Kaninchenschenkel wieder beifügen. Zugedeckt auf kleinem Feuer je nach Grösse und Qualität 45–60 Minuten schmoren lassen.

5 Die Petersilie fein hacken.

6 Die Kaninchenschenkel aus der Sauce nehmen und in einer vorgewärmten Platte warm stellen. Die Sauce noch so lange auf grossem Feuer einkochen lassen, bis sie leicht bindet. Die Petersilie beifügen und die Sauce mit Salz sowie Pfeffer abschmecken. Über die Kaninchenschenkel anrichten.

Emmentaler Lammvoressen

Lamm wurde früher entweder als Eintopf mit Gemüse oder aber mit einer feinen Safransauce zubereitet. Ein köstliches Beispiel dafür ist dieses reichhaltige Ragout, das sich auch mit Schweinsvoressen zubereiten lässt.

Für 4 Personen
Zubereiten: 1½–2 Stunden

- 1 grosse Zwiebel
- 2 Lorbeerblätter
- 2 Nelken
- 1 kleiner Lauchstengel
- 5 dl Fleischbouillon
- 2 Salbeiblätter
- 2 Briefchen Safran
- ½ Teelöffel Salz
- 600 g Lammlaffe, vom Metzger in 1½ cm grosse Würfel geschnitten
- 150 g Saucenzwiebelchen
- 200 g Rüebli
- 25 g weiche Butter
- 1 gehäufter Esslöffel Mehl
- 2 dl Rahm
- Pfeffer aus der Mühle

1 Zwiebel schälen, halbieren und jede Hälfte mit einem Lorbeerblatt und einer Nelke spicken. Lauch rüsten und in Stücke schneiden. Alle diese Zutaten mit Bouillon, Salbeiblättern, Safran und Salz in eine grosse Pfanne geben und aufkochen. Das Fleisch beifügen und zugedeckt auf kleinem Feuer etwa 45 Minuten kochen lassen.

2 Inzwischen etwa 1 Liter Wasser aufkochen. Saucenzwiebelchen hineingeben und 1 Minute blanchieren. Abschütten, kalt abschrecken, den Wurzelansatz mit einem scharfen Messerchen abschneiden, dann Zwiebeln aus der Schale drücken. Rüebli schälen und in 1 cm dicke Rädchen schneiden.

3 Nach 45 Minuten der Garzeit Zwiebel, Lauch und Salbeiblätter mit einer Schaumkelle aus der Garflüssigkeit heben. Saucenzwiebelchen und Rüebli beifügen. Das Voressen noch 30–45 Minuten auf kleinem Feuer schmoren, bis das Fleisch sehr weich ist.

4 Butter und Mehl mit einer Gabel verkneten. Flockenweise in die kochende Schmorflüssigkeit rühren, bis sie leicht bindet. Die Sauce mit dem Rahm verfeinern und mit Salz sowie Pfeffer abschmecken.

Als Beilage passen Kartoffelstock oder breite Nudeln.

Gebeiztes Schweinsvoressen

Für 4–5 Personen
Marinieren: 2–3 Tage
Zubereiten: etwa 2 Stunden

200 g Saucenzwiebelchen
2 Rüebli
1 kleines Stück Knollensellerie
1 Knoblauchzehe
1 Lorbeerblatt
2 Thymianzweige
einige schwarze Pfefferkörner
ca. 1 kg Schweinsvoressen
7 dl Weisswein
Salz, Pfeffer aus der Mühle
2 Esslöffel Bratbutter
1 gehäufter Esslöffel Mehl
2–3 Schweinsfüsschen
1 Fleischbouillonwürfel
nach Belieben ¼ dl Marc
1 dl Rahm
100 g magere Bratspecktranchen
1 Bund Petersilie

1 1 Liter Wasser aufkochen. Zwiebelchen hineingeben und 1 Minute blanchieren. Abschütten, kalt abschrecken, Wurzelansatz abschneiden und Zwiebelchen aus der Haut drücken.

2 Rüebli und Sellerie schälen und würfeln. Knoblauch schälen und halbieren. Diese Zutaten mit Zwiebelchen, Lorbeer, Thymian und Pfefferkörnern in eine Schüssel geben. Fleisch beifügen, mischen und alles mit Wein übergiessen. Zugedeckt im Kühlschrank mindestens 2 Tage marinieren lassen.

3 Fleisch und Gemüse aus der Beize nehmen und auf Küchenpapier gut abtropfen lassen. Die Beize aufkochen und absieben.

4 Das Fleisch salzen und pfeffern. In der Bratbutter kräftig anbraten. Gemüse beifügen und kurz mitrösten. Dann alles mit Mehl bestäuben, mischen und mit etwa zwei Dritteln der Beize ablöschen. Schweinsfüsschen und Bouillonwürfel beigeben. Das Voressen zugedeckt auf kleinem Feuer während 1½–1¾ Stunden weich schmoren; wenn nötig etwas Beize nachgiessen.

5 Fleisch und Gemüse aus der Sauce nehmen und warm stellen. Die Sauce absieben, entfetten, dann in die Pfanne zurückgeben, den Marc beifügen und auf grossem Feuer gut einkochen lassen. Den Rahm dazugeben und die Sauce mit Salz sowie Pfeffer abschmecken.

6 Während die Sauce einkocht, den Speck in feine Streifchen schneiden. In einer Bratpfanne ohne Fettzugabe knusprig rösten. Die Petersilie fein hacken und unter den Speck mischen.

7 Fleisch und Gemüse in die Sauce geben, nur noch gut heiss werden lassen und mit der Speckmischung bestreuen.

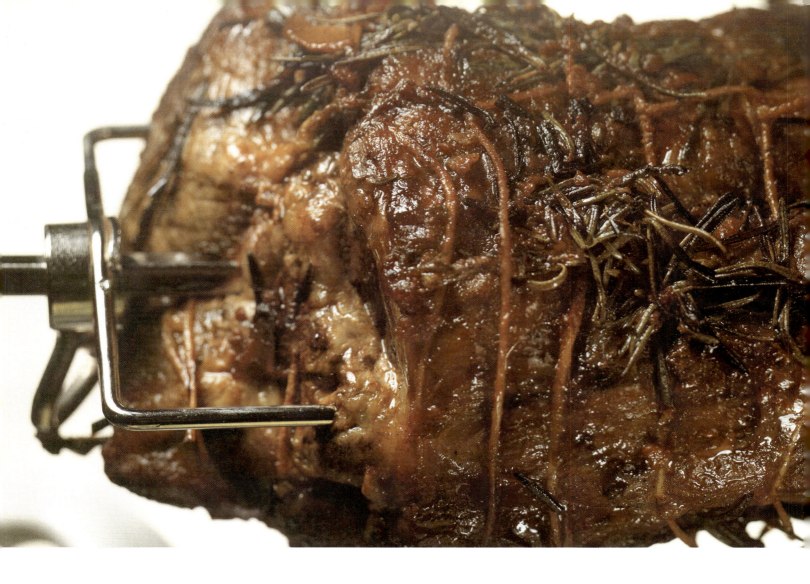

Schweinshalsbraten

Für 4–6 Personen
Zubereiten:
1¼–1½ Stunden

ca. 1–1,3 kg Schweinshalsbraten
1 Bund Rosmarin
4 Knoblauchzehen
4 Esslöffel Olivenöl
½ Teelöffel Senf
Salz, Pfeffer aus der Mühle
1 dl Weisswein (1)
2 dl Bouillon
etwas Weisswein zum Auflösen des Bratensatzes (2)

Der Schweinshals ist bekannt als besonders saftiges Bratenstück. In diesem Rezept eignet er sich auch gut für die Zubereitung auf dem Grill. Wichtig: Nicht zu nahe an der Glut, sondern langsam und unter häufigem Wenden braten. Die Marinadenmenge verdoppeln und den Braten während des Grillierens damit regelmässig bestreichen.

1 Die Rosmarinzweige rund um das Bratenstück legen und dieses mit Küchenschnur binden. Auf einen Drehspiess stecken.

2 Die Knoblauchzehen schälen und durch die Presse in ein Schüsselchen drücken. Mit Olivenöl, Senf, Salz und Pfeffer mischen. Das Fleisch mit dieser Marinade bestreichen.

3 Den Schweinshals unter dem 220 Grad heissen Backofengrill etwa 1¼–1½ Stunden braten, dabei unter dem Drehspiess das Saftblech einschieben. Weisswein und Bouillon mischen und den Braten regelmässig damit beträufeln; der abtropfende Jus wird vom Saftblech aufgefangen.

4 Den Braten vom Spiess nehmen und in doppelt gefaltete Alufolie wickeln; mindestens 10 Minuten ruhen lassen, damit sich der Fleischsaft verteilen kann. Den Bratensatz auf dem Saftblech mit etwas Weisswein auflösen, in ein Pfännchen giessen, aufkochen, nach Belieben mit etwas Butter oder Rahm verfeinern, abschmecken und separat zum Fleisch servieren.

Äs guets Schtück Fleisch

Kräuter-Rippli aus dem Ofen

Geräuchertes Rippli einmal anders: Das Fleischstück wird mit tiefen Einschnitten versehen und mit einer würzigen Zwiebel-Kräuter-Masse gefüllt. Danach kommt es in den Ofen und wird in Weisswein geschmort.

Für 6–7 Personen
Vorbereiten: etwa 20 Minuten
Braten: etwa 50 Minuten

- ca. 1,4 kg geräuchertes Rippli
- 250 g Zwiebeln
- 25 g Butter
- 1 Zweig Rosmarin
- 1 Bund Petersilie
- 4 Esslöffel Crème fraîche
- schwarzer Pfeffer aus der Mühle
- 1 dl Noilly Prat (trockener französischer Wermut)
- ca. 4 dl Weisswein
- 2 dl Doppelrahm

1 Der Salzgehalt von geräuchertem Rippli kann stark variieren. Erkundigen Sie sich deshalb vorgängig beim Metzger. Im Zweifelsfalle das Rippli einige Stunden wässern.

2 Das Rippli auf der Oberseite im Abstand von je etwa 1½ cm gut 2 cm tief einschneiden, so dass Taschen zum Füllen entstehen. In einen Bräter oder in eine grosse Gratinform legen.

3 Die Zwiebeln schälen und fein hacken. In einer mittleren Pfanne in der warmen Butter unter gelegentlichem Wenden weich dünsten.

4 Inzwischen Rosmarin und Petersilie fein hacken. Mit der Crème fraîche unter die Zwiebeln mischen. Einen Moment kochen lassen, bis die Crème fraîche von den Zwiebeln fast vollständig aufgenommen ist. Mit Pfeffer würzen. Etwas abkühlen lassen.

5 Die Zwiebel-Kräuter-Masse in die Taschen des Ripplis füllen und auch die Oberseite damit bedecken. Das Rippli mit Noilly Prat und 2½ dl Weisswein umgiessen.

6 Das Rippli auf der untersten Rille des auf 200 Grad vorgeheizten Ofens während 50 Minuten braten. Dabei hin und wieder mit einigen Löffeln des restlichen Weissweins begiessen.

7 Den Jus in ein Pfännchen abgiessen, entfetten und mit Doppelrahm verfeinern. Die Sauce separat servieren.

Schweinsschnitzel Dragonerart

Für 4 Personen
Zubereiten: etwa 40 Minuten

1 grosse Zwiebel
250 g frische Champignons
50 g magere Bratspecktranchen
8 Schweinsschnitzelchen, je ca. 70 g schwer
Salz, schwarzer Pfeffer aus der Mühle
1 Teelöffel Mehl (1)
1 Esslöffel Bratbutter
1 Esslöffel edelsüsser Paprika
2 Messerspitzen Rosenpaprika
½ dl Weisswein
1 dl Fleischbouillon
1½ dl Rahm
20 g Butter
1 gestrichener Esslöffel Mehl (2)

Altmodisch, aber fein: Kleine Schnitzel werden an einer köstlichen Champignon-Rahm-Sauce serviert. Auch Schweins- oder Kalbssteaks können auf diese Weise serviert werden, müssen aber je nach Dicke 1–1½ Minuten länger angebraten werden.

1 Die Zwiebel schälen und fein hacken. Die Champignons rüsten und in Scheiben schneiden. Den Speck in Streifchen schneiden.

2 Die Schweinsschnitzel mit Salz und Pfeffer würzen und ganz leicht mit Mehl (1) bestäuben. In einer Bratpfanne in der heissen Bratbutter beidseitig während insgesamt knapp 1½ Minuten anbraten. Aus der Pfanne nehmen.

3 Im Bratensatz den Speck kräftig anbraten. Dann die Hitze reduzieren und die Zwiebel sowie die beiden Paprikasorten beifügen. Alles unter Wenden dünsten. Nun die Champignons beifügen und nur kurz mitbraten. Mit dem Weisswein und der Bouillon ablöschen. Auf mittlerem Feuer 10 Minuten gut einkochen lassen.

4 Den Rahm beifügen. Butter und Mehl (2) mit einer Gabel verkneten. Flockenweise in die kochende Sauce geben; diese soll leicht binden. Mit Salz und Pfeffer würzen.

5 Die Hitze auf kleinste Stufe reduzieren. Die Schweinsschnitzel in die Sauce legen und zugedeckt 8–10 Minuten gar ziehen lassen; die Sauce darf dabei nicht mehr kochen, sonst wird das Fleisch zäh!

Schweinssteak mit Krautstiel-Rüebli-Gemüse

Für 4 Personen
Zubereiten: etwa 30 Minuten

500 g Krautstiele
400 g Rüebli
1 mittlere Zwiebel
1 Esslöffel Butter
1 gestrichener Esslöffel milder Curry
1½ dl Rahm
Salz, Pfeffer
4 Schweinssteaks
1 Esslöffel Bratbutter

Krautstiele und Rüebli sind zwei typische Gemüse, die auch im Privatgarten kultiviert werden. Sie begleiten die kurz gebratenen Steaks, welche auch durch Pouletbrüstchen ersetzt werden können.

1 Die Krautstiele rüsten, dabei schönes Grün an den Stengeln belassen. Das Gemüse in Streifen schneiden. Die Rüebli schälen und schräg in dünne Scheiben schneiden. Die Zwiebel schälen und fein hacken.

2 In einer mittleren Pfanne die Butter erhitzen. Die Zwiebel darin andünsten. Krautstiele und Rüebli beifügen. Das Currypulver darüberstreuen und kurz mitdünsten. Mit dem Rahm ablöschen. Das Gemüse zugedeckt auf kleinem Feuer weich dünsten (12–15 Minuten). Mit Salz und Pfeffer abschmecken.

3 Gleichzeitig das Fleisch zubereiten: Die Steaks beidseitig mit Salz und Pfeffer würzen. In einer Bratpfanne in der heissen Bratbutter bei mittlerer, später bei kleiner Hitze auf jeder Seite je nach Dicke 3–4 Minuten braten. Zuletzt zugedeckt neben der Herdplatte einen Augenblick nachgaren lassen. Dann mit dem Gemüse anrichten.

Schweinsfiletspiesschen an Senfsauce

Für 4 Personen
Zubereiten: etwa 30 Minuten

- 1 grosse Zwiebel
- 25 g Butter
- 1 Bund Schnittlauch
- ca. 400 g Schweinsfilet
- 150 g dünn geschnittene Schinkenscheiben
- Salz, Pfeffer aus der Mühle
- 1 Esslöffel Bratbutter

Sauce:
- 1½ dl Weisswein
- 1½ dl Rahm
- 1 Esslöffel milder Senf
- 1 Esslöffel grobkörniger Senf
- ½ Bund Estragon oder glattblättrige Petersilie
- 1 Teelöffel Balsamicoessig
- Salz, Pfeffer

Ein richtiges Festessen: Schweinsfiletscheiben werden mit Schinken und Kräutern belegt, aufgerollt, an einem Spiess gebraten und mit einer würzigen Senfsauce serviert. Nach Belieben kann man die Röllchen auch einzeln braten.

1 Die Zwiebel schälen und fein hacken. In der warmen Butter dünsten. Beiseite stellen. Den Schnittlauch fein schneiden und beifügen.

2 Das Schweinsfilet in 16 Scheiben schneiden. Unter Klarsichtfolie mit dem Wallholz sorgfältig flach klopfen.

3 Die Schweinsplätzchen mit den Schinkenscheiben belegen. Etwas Zwiebel-Schnittlauch-Masse darauf verteilen und zu kleinen Rouladen aufrollen. Je vier Röllchen auf einen Holzspiess stecken.

4 Die Spiesse mit Salz und Pfeffer würzen. In der heissen Bratbutter auf mittlerem Feuer während 3–4 Minuten braten. Zugedeckt warm stellen.

5 Den Bratensatz mit Weisswein ablöschen und auf ½ dl einkochen lassen. Den Rahm und die beiden Senfsorten beifügen. Die Sauce kochen lassen, bis sie cremig bindet.

6 Estragon oder Petersilie fein hacken. Zur Sauce geben und diese mit Balsamicoessig, Salz und Pfeffer abschmekken. Zu den Spiesschen servieren.

Schweinskoteletts mit Salbei und Äpfeln

Für 4 Personen
Zubereiten: etwa 25 Minuten

6 Scheiben Toastbrot
½ Bund Salbei
4 Schweinskoteletts
Salz, schwarzer Pfeffer aus der Mühle
1 grosses Ei
1 Esslöffel Milch
2–3 Esslöffel Bratbutter
1 grosse Zwiebel
2 säuerliche Äpfel
50 g Butter

Eine Zubereitungsart, die leider etwas in Vergessenheit geraten ist: Koteletts werden zum Braten paniert. Dies bewirkt, dass man sie auf kleinem Feuer zubereiten muss, damit die Panade nicht verbrennt; so bleiben die Koteletts besonders saftig.

1 Das Toastbrot dünn entrinden und mit dem Wiegemesser oder im Cutter fein hacken. Die Salbeiblätter ebenfalls fein hacken und mit dem Brot mischen.

2 Die Koteletts beidseitig mit Salz und Pfeffer würzen.

3 In einem Suppenteller Ei und Milch verquirlen. Die Koteletts nacheinander zuerst im Ei, dann in den Salbeibröseln wenden und diese gut andrücken.

4 Die Bratbutter erhitzen. Die Koteletts darin zuerst bei mittlerer, dann bei milder Hitze langsam während etwa 15 Minuten goldbraun braten.

5 Inzwischen die Zwiebel schälen und in dünne Ringe schneiden. Die Äpfel ebenfalls schälen, mit einem Ausstecher das Kerngehäuse entfernen und die Früchte in Ringe schneiden.

6 Die Butter erhitzen. Die Zwiebeln hineingeben und 2–3 Minuten braten. Die Apfelringe beifügen und alles noch so lange weiterbraten, bis die Äpfel weich sind, aber nicht zerfallen. Zu den Koteletts servieren.

Kotelettbraten mit Fenchel

Für 6–8 Personen

Vorbereiten: etwa 20 Minuten
Braten: etwa 45 Minuten

ca. 1,8–2 kg Schweinskotelett am Stück

Salz, schwarzer Pfeffer aus der Mühle

2 Esslöffel Fenchelsamen

4–6 Rosmarinzweige

2 Knoblauchzehen (1)

6 kleinere Fenchelknollen

3–4 ganze Knoblauchknollen (2)

¾ dl Olivenöl

ca. 3 dl Weisswein

Durch das Braten mitsamt Knochen bleibt das Nierstück besonders saftig, sieht aber auch attraktiv aus.

1 Den Kotelettbraten der Länge nach direkt dem Knochen entlang etwa 4 cm tief einschneiden, dabei darauf achten, dass man das Fleisch nicht vollständig vom Knochen trennt. Das Fleisch mit Salz und Pfeffer würzen. Fenchelsamen und Rosmarinzweige in den Einschnitt verteilen. Knoblauch (1) schälen, fein scheibeln und ebenfalls in den Einschnitt geben.

2 Den Fenchel rüsten und in Viertel schneiden. Die trockenen äusseren Hüllen der Knoblauchknollen (2) mit den Fingern abreiben.

3 Ein Drittel des Olivenöls auf dem Boden einer grossen Form verteilen. Das Fleisch hineinlegen. Fenchel und Knoblauchknollen daneben einschichten, leicht würzen und mit dem restlichen Olivenöl beträufeln.

4 Den Kotelettbraten im auf 230 Grad vorgeheizten Ofen auf der zweituntersten Rille während 15 Minuten anbraten.

5 Nun den Weisswein dazugiessen. Die Ofenhitze bei geöffneter Türe auf 200 Grad absinken lassen. Dann den Braten bei 200 Grad unter häufigem Begiessen während 30 Minuten fertig braten; wenn nötig zwischendurch etwas Weisswein nachgiessen.

6 Den Braten im leicht geöffneten Ofen 10 Minuten nachziehen lassen.

Schweinsfiletbraten im Wirz

Dieser gut präsentierende Braten, eingehüllt in Wirzblätter und einen Brätmantel mit Peperoni, Schinken, Kräutern und Pistazien, schmeckt sowohl heiss wie ausgekühlt gleichermassen gut.

Für 6–8 Personen
Vorbereiten: etwa 40 Minuten
Braten: 55–60 Minuten

- 1 grosses Schweinsfilet (ca. 450 g)
- Salz, schwarzer Pfeffer aus der Mühle
- 1 Esslöffel Bratbutter (1)
- 1 Schweinsnetz (evtl. beim Metzger vorbestellen)
- 1 Wirz
- 1 kleine rote Peperoni
- 100 g Schinken am Stück
- 1 Bund Petersilie
- 2 Esslöffel grüne Pistazienkerne
- 500 g Kalbsbrät
- 50 g Bratbutter (2)
- 1 dl Weisswein
- ca. 1½ dl Bouillon

1 Das Schweinsfilet würzen und in der Bratbutter rundum während insgesamt 2 Minuten anbraten. Auf einem Kuchengitter abkühlen lassen.

2 Das Schweinsnetz in kaltem Wasser einlegen.

3 Vom Wirz 8–10 schöne Blätter auslösen und in siedendem Salzwasser gut 1 Minute blanchieren. Abtropfen lassen. Den unteren Teil der Blattrippe mit einer Messerklinge flach drücken.

4 Die Peperoni halbieren, entkernen und in kleine Würfelchen schneiden. Den Schinken klein würfeln. Die Petersilie fein hacken. Alles mit den Pistazien zum Brät geben und mischen.

5 Das Schweinsnetz ausdrücken und auf einem Küchentuch ausbreiten. Die Wirzblätter überlappend gut in der Länge des Filets und etwa viermal so breit darauf auslegen. Das Schweinsnetz so zurechtschneiden, dass rundum ein Rand von 3–4 cm bleibt.

Die Hälfte der Brätmasse in die Mitte des Wirzbettes geben und mit dem Filet belegen. Die restliche Brätmasse darübergeben und das Filet in Brät einhüllen. Zu einem Paket aufrollen. Mit der Nahtseite nach unter in einen Bräter oder eine Gratinform legen.

6 Die Bratbutter (2) erhitzen und über das Filetpaket träufeln. Sofort im auf 220 Grad vorgeheizten Ofen auf der zweituntersten Rille während 15 Minuten anbraten.

7 Die Ofentemperatur auf 180 Grad zurückschalten. Den Weisswein dazugiessen. Das Fleisch weitere 35 Minuten braten, dabei regelmässig mit Jus übergiessen. Diesen nach und nach mit der warmen Bouillon ergänzen. Vor dem Servieren den Schweinsfiletbraten im ausgeschalteten Ofen bei geöffneter Tür 5–10 Minuten nachgaren lassen.

Äs guets Schtück Fleisch

Suppenhuhn

Für 4–5 Personen
Zubereiten: je nach Hühnerqualität und Sorte
1½–4 Stunden

4 Rüebli
1 kleiner Sellerie
1 Lauchstengel
1 Zwiebel
1 Lorbeerblatt
6 Nelken
2–3 Esslöffel Olivenöl
1 Suppenhuhn, ca. 2 kg schwer, oder ersatzweise 1 grosses Freilandpoulet
4 Petersilienstengel
4 Thymianzweige
2 Hühnerbouillonwürfel
Salz, schwarzer Pfeffer aus der Mühle

Leider findet man richtige Suppenhühner heute kaum mehr im Angebot. Ersatzweise kann man selbstverständlich auch ein grosses Poulet verwenden, doch hat dieses niemals einen solch kräftigen Geschmack wie ein Suppenhuhn. So oder so sollten Sie jedoch unbedingt diese wohl älteste Zubereitungsart für Hühner ausprobieren.

1 Rüebli und Sellerie schälen und in kleinfingergrosse Stücke schneiden. Den Lauch rüsten und in Ringe schneiden. Die Zwiebel schälen, halbieren und mit Lorbeerblatt und Nelken bestecken.

2 Das Olivenöl in einer grossen Pfanne erhitzen. Alle Gemüse und die besteckte Zwiebel kräftig anrösten. Mit 1½–2 Liter Wasser ablöschen.

3 Das Suppenhuhn oder Poulet kurz unter kaltem Wasser spülen. Mit der Petersilie, dem Thymian und den Bouillonwürfeln in den Sud geben. Alles aufkochen, dabei die Garflüssigkeit wenn nötig abschäumen. Dann vor dem Siedepunkt gar ziehen lassen. Wichtig: Der Sud darf nie sprudelnd kochen, sonst laugt das Fleisch zu stark aus. Ein Poulet hat je nach Grösse eine Garzeit von 1¼–1½ Stunden, ein Suppenhuhn je nach Alter und Qualität 2–4 Stunden.

4 Huhn und Gemüse sorgfältig aus dem Sud heben und beiseite stellen. Den Sud durch ein Sieb passieren. In die Pfanne zurückgeben. Mit einem Löffel die Fettschicht, die obenauf schwimmt, abschöpfen.

5 Das leicht abgekühlte Huhn häuten und in Stücke teilen (siehe Ablaufbilder). Pouletfleisch und Gemüse in die entfettete Bouillon zurückgeben. Mit Salz und Pfeffer abschmecken. Langsam aufkochen und das Pouletfleisch nur noch gut heiss werden lassen, jedoch nicht kochen, sonst wird es trocken.

Als Beilage passen Salzkartoffeln oder auch einfach nur frisches Brot und Butter.

So zerteilt man ein Huhn:

Mit den Fingern zwischen Pouletfleisch und Haut fahren und diese sorgfältig lösen, dann abziehen.

Das gehäutete Poulet in 6 Teile zerlegen: Zuerst die Schenkel und die Flügel abtrennen; dies geht beim gekochten Poulet mit einem leichten Drehen der Gelenke. Dann das restliche Huhn der Länge nach mit Hilfe einer Geflügelschere halbieren.

Mit einem scharfen Messer das Fleisch in möglichst grossen Stücken von den Knochen schneiden.

Das ausgelöste Pouletfleisch quer zur Faser, d.h. schräg in mundgerechte Stücke schneiden.

Pouletragout mit Gemüse

Ob man ein Huhn zum Schmoren mitsamt Haut verwendet oder diese vorher abzieht, hängt von der persönlichen Vorliebe ab. Pouletstücke mit Haut bleiben beim Schmoren saftiger.

Für 4 Personen
Vorbereiten: etwa 30 Minuten
Schmoren: 45 Minuten
Fertigstellen: etwa 20 Minuten

- 1 grosses Poulet, ca. 1,5 kg schwer
- 100 g Champignons
- 1 Rüebli
- 1 kleines Stück Sellerie
- 1 Zwiebel
- 2 Lorbeerblätter
- 2 Nelken
- 8 Knoblauchzehen
- Salz, schwarzer Pfeffer aus der Mühle
- 2 Esslöffel Bratbutter
- ca. 3 dl Weisswein
- 2 feste Tomaten
- ½ dl Rahm
- 1 Esslöffel frische Thymianblättchen

1 Das Poulet in 8 Stücke teilen.

2 Champignons rüsten und halbieren oder vierteln. Rüebli und Sellerie schälen und in Stücke schneiden. Die Zwiebel schälen, halbieren und mit Lorbeerblättern und Nelken bestecken. Die Knoblauchzehen schälen.

3 Die Pouletteile mit Salz und Pfeffer würzen. In einem Bräter die Bratbutter erhitzen und die Ragoutstücke darin von allen Seiten anbraten. Champignons, Rüebli, Sellerie, besteckte Zwiebelhälften sowie Knoblauchzehen beifügen und kurz mitbraten. Mit dem Weisswein ablöschen. Zugedeckt auf kleinem Feuer während etwa 45 Minuten schmoren lassen; von Zeit zu Zeit die Flüssigkeit kontrollieren und wenn nötig etwas Weisswein nachgiessen.

4 Inzwischen die Tomaten in kochendes Wasser tauchen, schälen, quer halbieren, entkernen und klein würfeln.

5 Pouletstücke herausnehmen und warm stellen. Sud mitsamt Zutaten durch ein Sieb passieren und in die Pfanne zurückgeben. Knoblauchzehen heraussuchen und beifügen. Die Zwiebelhälften wegwerfen. Gemüse und Champignons zum Poulet geben.

6 Sud und Knoblauch pürieren. Den Rahm beifügen und aufkochen. Die Tomatenwürfel beifügen und die Sauce mit Salz und Pfeffer abschmecken. Über das Poulet anrichten und mit den Thymianblättchen bestreuen.

Hühnerstreifen an Morchelsauce

Ein elegantes Gericht, das sich gut vorbereiten lässt.

Für 4 Personen
Vorkochen: 50–60 Minunten
Fertigstellen: etwa 20 Minuten

1 grosses Poulet
2 Rüebli
1 kleiner Lauchstengel
½ Sellerie
1 grosse Zwiebel
1 Lorbeerblatt
2 Nelken
Salz, Pfeffer aus der Mühle

Sauce:
25 g gedörrte Morcheln
1 grosse Schalotte
50 g Butter
2 gestrichene Esslöffel Mehl
2 dl Weisswein
3 dl Hühnerbouillon
2 dl Rahm
Salz, Pfeffer

1 Das Huhn kurz kalt spülen. In eine Pfanne geben.

2 Rüebli, Lauch und Sellerie rüsten und in Stücke schneiden. Die Zwiebel ungeschält halbieren und mit Lorbeerblatt und Nelken bestecken. Alles zum Poulet geben und mit soviel Wasser auffüllen, dass die Zutaten gut bedeckt sind. Aufkochen, dann das Huhn zugedeckt auf kleinem Feuer während 50–60 Minuten leise kochen lassen. Den Sud am Anfang ein- bis zweimal abschäumen. Erst danach etwas Salz und einige Umdrehungen frisch gemahlenen Pfeffer beifügen.

3 Morcheln in lauwarmem Wasser 30 Minuten einweichen.

4 Das Poulet aus der Bouillon nehmen. Das Fleisch von den Knochen lösen. In grosse Stücke schneiden.

5 Die eingeweichten Morcheln unter Wasser spülen. Je nach Grösse halbieren oder vierteln. Die Schalotte schälen und fein hacken.

6 In einer Pfanne 1 Esslöffel Butter schmelzen. Die Schalotte andünsten. Morcheln beifügen und 5 Minuten mitdünsten. Aus der Pfanne nehmen.

7 Die restliche Butter zum Bratensatz geben. Das Mehl beifügen und kurz dünsten. Weisswein und Bouillon unter Rühren beifügen und die Sauce während gut 5 Minuten kochen lassen. Morcheln und Rahm beifügen, die Sauce mit Salz und Pfeffer würzen und nochmals 5 Minuten kocher lassen. Zuletzt das Hühnerfleisch beifügen und nur noch gut heiss werden lassen.

Äs guets Schtück Fleisch

Kalbsvoressen mit Spargeln

Früher waren es weisse Spargeln, die dieses klassische Kalbfleischgericht zu einem Festessen machten, heute wählt man aus optischen Gründen eher die grünen Stangen. Im Winter kann man das Gericht auch mit Schwarzwurzeln zubereiten.

Für 4–5 Personen
Schmoren: 1½–1¾ Stunden
Fertigstellen: etwa 20 Minuten

- 600–800 g Kalbsragout
- Salz, schwarzer Pfeffer aus der Mühle
- 2 Rüebli
- 1 Lauch
- 1 Sellerie
- 1 Zwiebel
- 1 Lorbeerblatt
- 2 Nelken
- ca. 6 dl Hühner- oder Fleischbouillon
- 2 dl Rahm
- 8–10 grüne Spargeln
- 25 g Butter
- 1 gestrichener Esslöffel Mehl
- ½ Bund Kerbel

1 Das Fleisch mit Salz und Pfeffer würzen und in einen Bräter geben.

2 Das Gemüse rüsten und in grobe Stücke schneiden. Die Zwiebel schälen, halbieren und mit Lorbeerblatt sowie Nelken bestecken. Alles zum Fleisch geben. Die Bouillon aufkochen und dazugiessen; die Zutaten sollen knapp bedeckt sein.

3 Das Voressen zugedeckt im auf 220 Grad vorgeheizten Ofen 1½–1¾ Stunden sehr weich schmoren; dabei den Bräter nicht decken! Das Fleisch aus dem Sud nehmen und warm stellen. Die Flüssigkeit absieben und 3 dl abmessen.

4 Sud und Rahm in eine Pfanne geben und auf grossem Feuer gut zur Hälfte einkochen lassen.

5 Inzwischen die Spargeln rüsten und schräg in Stücke schneiden. In der Hälfte der Butter zugedeckt knackig dünsten. Leicht salzen.

6 Restliche Butter und das Mehl mit einer Gabel verkneten. Flockenweise in die eingekochte Sauce geben; diese soll leicht binden. Mit Salz und Pfeffer abschmecken.

7 Fleisch und Spargeln in die Sauce geben und nur noch gut heiss werden lassen. Mit Kerbel garnieren.

Kalbsragout mit Gemüse

Für 4–5 Personen
Schmoren: 1½–1¾ Stunden
Fertigstellen: etwa 20 Minuten

3 grosse Rüebli
2 Kohlrabi
2 Zucchetti
1 Lauchstengel
1 Zwiebel
1 Lorbeerblatt
1 Nelke
600–800 g Kalbsragout
1 Liter Fleischbouillon
2 dl Doppelrahm
Salz, schwarzer Pfeffer aus der Mühle

Das Schmoren von Ragouts im Ofen hat den Vorteil, dass das Fleisch besonders saftig bleibt, weil die Hitze gleichmässig verteilt ist und der Sud nie zu stark kocht. Selbstverständlich kann man dieses feine Kalbfleischgericht aber auch in der Pfanne auf dem Herd zubereiten.

1 Rüebli und Kohlrabi schälen. Mit einem Pariserlöffel aus dem Gemüse sowie aus den ungeschälten Zucchetti kleine Kugeln ausstechen. Beiseite stellen.

2 Die Gemüsereste und den Lauch in Stücke schneiden. Die Zwiebel schälen, halbieren und mit dem Lorbeerblatt und der Nelke bestecken. Alles zusammen mit dem Fleisch in einen Bräter geben.

3 Die Bouillon aufkochen und soviel zum Fleisch und Gemüse geben, dass die Zutaten knapp bedeckt sind.

4 Das Ragout zugedeckt im auf 220 Grad vorgeheizten Ofen auf der zweituntersten Rille 1½–1¾ Stunden schmoren lassen, bis das Fleisch sehr weich ist.

5 Das Ragout herausnehmen und zugedeckt warm stellen. Den Sud absieben, dabei das Gemüse gut ausdrücken. 4 dl Sud abmessen In eine Pfanne geben und auf grossem Feuer auf 1 dl einkochen lassen.

6 Während der Sud einkocht, die Gemüsekugeln in nicht zuviel kochendem Salzwasser 3–4 Minuten blanchieren. Abschütten.

7 Den Doppelrahm zum eingekochten Jus geben. Noch kurz einkochen lassen, dann die Sauce mit Salz und Pfeffer abschmecken. Ragout und Gemüsekugeln wieder beigeben und nur noch gut heiss werden lassen.

Äs guets Schtück Fleisch

Paniertes Kalbskotelett

Ein Klassiker aus Mutters Küche, zu dem Spaghetti als Beilage ein Muss waren! Und weil man diese Koteletts nur zur Hälfte brät und anschliessend in der Sauce sanft gar ziehen lässt, bleiben sie besonders saftig und zart.

Für 4 Personen
Zubereiten: etwa 40 Minuten

- 1 mittlere Zwiebel
- 2 Knoblauchzehen
- 1 Peperoncino (italienische Pfefferschote)
- 2–3 Esslöffel Olivenöl
- 1 Dose Pelati-Tomaten (400 g)
- 1 dl Fleischbouillon
- Salz, Pfeffer aus der Mühle
- 1 Prise Zucker
- 1 Teelöffel getrockneter Oregano
- 1 grosses Ei
- 1 Esslöffel Milch
- 100 g Paniermehl
- 4 Kalbskoteletts
- 2 Esslöffel Mehl
- 4 Esslöffel Bratbutter

1 Die Zwiebel und den Knoblauch schälen und fein hacken. Den Peperoncino der Länge nach halbieren, entkernen und in feinste Streifchen schneiden.

2 In einer weiten Pfanne, in welcher später vier Koteletts Platz haben, das Olivenöl erhitzen. Zwiebel, Knoblauch und Peperoncino darin andünsten. Die Pelati-Tomaten mitsamt Saft beifügen. Die Bouillon dazugiessen. Die Sauce mit Salz, Pfeffer, Zucker sowie Oregano würzen und zugedeckt etwa 20 Minuten leise kochen lassen.

3 Inzwischen Ei und Milch in einem Suppenteller gut verquirlen. In einem zweiten Teller das Paniermehl bereitstellen.

4 Die Koteletts mit Salz und Pfeffer würzen. Beidseitig mit Mehl bestäuben. Zuerst im Ei, dann im Paniermehl wenden. Die Panade gut andrücken.

5 In einer Bratpfanne die Bratbutter erhitzen. Die Koteletts auf grossem Feuer beidseitig goldbraun anbraten. Herausnehmen und sofort in die Tomatensauce legen. Ungedeckt auf kleinem Feuer während etwa 20 Minuten gar ziehen lassen.

Gefüllte Kalbsbrust

Zusammen mit der Kalbsbrust werden auch Frühlingszwiebeln und Kartoffeln gebraten, so dass man keine weiteren Beilagen mehr zu diesem feinen Braten braucht.

Für 6–8 Personen
Vorbereiten: etwa 15 Minuten
Braten: etwa 2 Stunden

ca. 1,2 –1,4 kg Kalbsbrust, vom Metzger zum Füllen vorbereitet (evtl. 2–3 Tage im voraus bestellen)

100 g Schinken- oder Rohschinkenscheiben

2 Schalotten, 1 Esslöffel Butter, 2 Bund Petersilie, 1 Esslöffel eingelegter grüner Pfeffer

200 g Kalbsbrät

1 Esslöffel Senf, Salz, schwarzer Pfeffer aus der Mühle

½ dl Olivenöl, 3 Bund kleine Frühlingszwiebeln

500 g kleine neue oder Raclettekartoffeln

3–4 Rosmarinzweige

2½ dl Weisswein

ca. 2½ dl Bouillon

1 Die Kalbsbrust mit der Innenseite nach oben auf der Arbeitsfläche auslegen. Mit den Schinkenscheiben belegen.

2 Die Schalotten schälen und fein hacken. In der Butter kurz dünsten.

3 Die Petersilie fein hacken. Den grünen Pfeffer grob zerdrücken. Beides mit den Schalotten und dem Kalbsbrät gut mischen. Auf der Kalbsbrust ausstreichen. Das Bratenstück satt aufrollen und mit Küchenschnur binden.

4 Die Kalbsbrust mit Senf einreiben und mit Salz sowie Pfeffer würzen. In einen Bräter legen. Das Olivenöl erhitzen und über den Braten träufeln. Auf der untersten Rille des auf 220 Grad vorgeheizten Ofens 15 Minuten anbraten.

5 Inzwischen die Frühlingszwiebeln rüsten; den oberen Teil der Röhrchen zurückschneiden; grössere Zwiebeln der Länge nach halbieren. Die Kartoffeln in der Schale waschen.

6 Nach 15 Minuten Bratzeit Zwiebeln, Kartoffeln sowie Rosmarinzweige um den Braten herumlegen. Den Weisswein dazugiessen. In den Ofen zurückgeben und die Hitze auf 180 Grad reduzieren. Alles ungedeckt 1 Stunde schmoren lassen. Von Zeit zu Zeit alles mit Jus beträufeln.

7 Nun die Hitze auf 150 Grad reduzieren. Die Bouillon sprudelnd aufkochen, dazugiessen und die Kalbsbrust weitere 45 Minuten gar ziehen lassen. In der Form auf den Tisch bringen.

Ganze marinierte Kalbshaxe

Für 4–5 Personen

Marinieren: mindestens 6 Stunden
Braten: 1½–1¾ Stunden

abgeriebene Schale von 1 Zitrone

Saft von ½ Zitrone

1 dl Olivenöl

5 Knoblauchzehen

1 Esslöffel grobkörniger Senf

1 Teelöffel grob gemahlener schwarzer Pfeffer

1 Kalbshaxe am Stück, ca. 1,2 kg schwer

Salz

Meist werden Kalbshaxen in dicke Scheiben geschnitten in einer Sauce gegart. Mindestens so köstlich schmeckt aber eine ganze Kalbshaxe, die in diesem Rezept zuerst in einer Zitronenmarinade ziehen gelassen und anschliessend im Ofen oder auf dem Grill gebraten wird.

1 Zitronenschale und -saft sowie Öl verrühren. Den Knoblauch dazupressen. Senf und Pfeffer beifügen. Die Kalbshaxe in einen Brat- oder Gefrierbeutel geben. Die Marinade dazugiessen. Den Beutel nahe am Fleischstück verschliessen und drehen und wenden, damit sich die Marinade auf dem Fleisch verteilen kann. Mindestens 6 Stunden, besser aber über Nacht im Kühlschrank marinieren lassen; dabei 2- bis 3mal wenden. Die Kalbshaxe 1 Stunde vor der Zubereitung Zimmertemperatur annehmen lassen.

2 Den Backofengrill auf 250 Grad vorheizen. Den Gitterrost auf der zweituntersten Rille einschieben. Die Kalbshaxe aus dem Beutel nehmen und die Marinade in eine Schale abgiessen.

3 Die Haxe rundum salzen und auf den Gitterrost legen. Das Saftblech darunter einschieben. Die Grilltemperatur auf 220 Grad reduzieren. Die Kalbshaxe während 1½–1¾ Stunden braten; dabei häufig wenden und immer wieder mit Marinade bestreichen. Die Haxe ist fertig, wenn sich das Fleisch vom Knochen zu lösen beginnt.

Geschmorte Kalbshaxe mit weissen Bohnen

Für 4–5 Personen

Bohnen einweichen:
8–10 Stunden

Bohnen vorkochen: 45 Minuten
Fleisch schmoren:
1½–1¾ Stunden

250 g getrocknete Canellini-Bohnen (kleine weisse Bohnen)

1 grosse Zwiebel

2 Knoblauchzehen

1 grosses Rüebli

2 grosse Zweige Stangensellerie mit Grün

1 ganze Kalbshaxe, ca. 1,2 kg schwer

Salz, Pfeffer aus der Mühle

½ dl Olivenöl

1 dl Rotwein

2 Dosen gehackte Pelati-Tomaten (insgesamt ca. 800 g)

2 Zweige Rosmarin

Schneller zubereitet ist diese rustikale Spezialität, wenn man Bohnen aus der Dose verwendet, die bereits gekocht sind (unbedingt kurz unter kaltem Wasser abspülen). Ausserdem lässt sich das Gericht auch mit Kalbshaxenscheiben zubereiten; einen grossen Einfluss auf die Garzeit hat dies allerdings nicht.

1 Die Bohnen über Nacht mit reichlich kaltem Wasser bedeckt einweichen.

2 Am nächsten Tag die Bohnen im Einweichwasser 45 Minuten vorkochen. Abschütten.

3 Zwiebel und Knoblauch schälen und fein hacken. Das Rüebli schälen und klein würfeln. Den Stangensellerie mitsamt schönem Grün in feine Streifchen schneiden.

4 Die Kalbshaxe mit Salz und Pfeffer würzen. In einem Bräter das Olivenöl erhitzen und die Haxe darin rundum anbraten. Zwiebel, Knoblauch, Rüebli und Stangensellerie beifügen und kurz mitrösten. Mit dem Rotwein ablöschen. Die Tomaten und Rosmarinzweige beifügen, alles mit Salz und Pfeffer würzen, aufkochen und die vorgegarten Bohnen untermischen. Den Bräter decken.

5 Die Kalbshaxe im auf 200 Grad vorgeheizten Ofen auf der zweituntersten Rille 1½–1¾ Stunden schmoren lassen, bis sie so weich ist, dass das Fleisch sich vom Knochen löst. Die Bohnen vor dem Servieren wenn nötig nachwürzen.

Kalbsbrustschnitten

Für 4 Personen
Zubereiten: 1¾–2 Stunden

2 Rüebli
1 Lauchstengel
1 mittlere Zwiebel
2 Knoblauchzehen
4 Kalbsbrustschnitten, vom Metzger gebunden
Salz, Pfeffer
1 Esslöffel Mehl
2 Esslöffel Bratbutter
2 dl Weisswein
ca. 1 dl Fleischbouillon
1 Lorbeerblatt
1 Nelke

Diese preisgünstige Spezialität ist beim Metzger manchmal auch unter der Bezeichnung Tendrons oder Arrostini erhältlich. Unter Tendrons versteht man die auf verschiedene Arten gebundenen Kalbsbrustschnitten. Arrostini werden je nach Metzgerei aus der Kalbsbrust oder vom Hals geschnitten und mit Speck sowie eventuell einem Salbeiblatt rund gebunden.

1 Die Rüebli schälen und klein würfeln. Den Lauch der Länge nach halbieren und in feine Streifen schneiden. Zwiebel und Knoblauch schälen und fein hacken.

2 Die Kalbsbrustschnitten mit Salz und Pfeffer würzen. Das Mehl in ein Siebchen geben und das Fleisch beidseitig sparsam damit bestäuben.

3 In einem Bräter oder in einer mittleren Pfanne die Bratbutter erhitzen. Die Kalbsbrustschnitten darin während 5 Minuten kräftig anbraten. Aus der Pfanne nehmen.

4 Die Hitze reduzieren. Im Bratensatz Zwiebel, Knoblauch, Rüebli und Lauch andünsten. Mit dem Weisswein und der Bouillon ablöschen. Lorbeerblatt und Nelke dazulegen. Das Fleisch wieder beifügen. Die Kalbsbrustschnitten zugedeckt auf kleinem Feuer 1½–1¾ Stunden schmoren lassen; wenn nötig die Garflüssigkeit mit etwas Bouillon ergänzen.

Kalbsfiletpastete

Für 8 Personen
Vorbereiten: etwa 40 Minuten
Kühl stellen: etwa 1 Stunde
Backen: etwa 40 Minuten

10 g gedörrte Steinpilze

1 grosses Kalbsfilet, etwa 700 g schwer

Salz, schwarzer Pfeffer, etwas Rosmarinpulver oder -paste, 1 Esslöffel Bratbutter, 1 Esslöffel Senf, 2 grosse Schalotten, 1 Knoblauchzehe, 1 Esslöffel Butter

300 g gehacktes Kalbfleisch

1 dl Weisswein, 1 Bund Petersilie, 2–3 Salbeiblätter, 1 Teelöffel edelsüsser Paprika

200 g Kalbsbrät

1 Paket viereckig ausgewallter Kuchenteig (bestehend aus 2 Rollen, ca. 500 g)

200 g magere Bratspecktranchen

1 Eigelb, 1 Teelöffel Öl

1 Steinpilze in lauwarmem Wasser einweichen.

2 Das Kalbsfilet mit Salz, Pfeffer und Rosmarinpulver oder -paste würzen. In der heissen Bratbutter rundum 3 Minuten kräftig anbraten. Auf ein Kuchengitter geben, mit Senf bestreichen und auskühlen lassen.

3 Schalotten und Knoblauch schälen und fein hacken. Die Steinpilze gut abtropfen lassen und grob hacken.

4 Die Butter schmelzen. Schalotten und Knoblauch andünsten. Das Hackfleisch beifügen und anbraten. Steinpilze untermischen und kurz mitbraten. Den Weisswein dazugiessen. Alles auf grossem Feuer so lange kochen lassen, bis die Flüssigkeit verdampft ist. Abkühlen lassen.

5 Petersilie und Salbei fein hacken. Zum Fleisch geben und alles kräftig mit Paprika, Salz und Pfeffer würzen. Zuletzt das Brät untermischen.

6 Eine Rolle Kuchenteig auslegen. In der Mitte den Speck Scheibe an Scheibe in der Länge des Filets auslegen. Die Hälfte der Brätmasse sowie das Filet daraufgeben und dieses mit der restlichen Brätmasse umhüllen. Die Speckscheiben nach oben klappen; restliche Scheiben darüberlegen. Die Teigränder mit Wasser bestreichen. Die zweite Teigrolle über das Filet legen. Die Teigränder auf etwa 2 cm zurückschneiden und gegen innen aufrollen. Gut andrücken. Die Pastete mit Teigresten verzieren. Mindestens 1 Stunde kühl stellen.

7 Eigelb und Öl verrühren und die Pastete damit bestreichen.

8 Auf der untersten Rille des auf 200 Grad vorgeheizten Ofens während 40 Minuten backen. Vor dem Aufschneiden im ausgeschalteten und geöffneten Ofen 10 Minuten ruhen lassen.

Riesenfleischvögel an Madeirasauce

Zarte Kalbsplätzchen werden flach geklopft, mit einer Zwiebel-Kräuter-Masse bestrichen, aufgerollt und gebraten. Zu dieser Fleischvogel-Schnellvariante passt ein Rüebligemüse.

Für 4 Personen
Vorbereiten: etwa 25 Minuten
Zubereiten: etwa 20 Minuten

2 Bund Frühlingszwiebeln
3–4 Knoblauchzehen
1 Bund Basilikum
1 Bund Petersilie
1 gehäufter Esslöffel Butter (1)
4 doppelt geschnittene Kalbsplätzchen, je ca. 120 g schwer
Salz, Pfeffer
1 Esslöffel Bratbutter
1½ dl Weisswein
1½ dl Madeira
75 g Butter (2)

1 Die Frühlingszwiebeln mitsamt schönen Röhrchen grob hacken. Den Knoblauch schälen und fein hacken. Basilikum und Petersilie ebenfalls hacken.

2 Die Butter (1) schmelzen. Frühlingszwiebeln und Knoblauch darin weich dünsten. Basilikum und Petersilie beifügen. Vom Feuer nehmen und abkühlen lassen.

3 Inzwischen die doppelt geschnittenen Kalbsplätzchen auseinanderklappen und auf der Arbeitsfläche auslegen. Jedes Plätzchen mit Klarsichtfolie bedecken und mit dem Wallholz sorgfältig und gleichmässig möglichst dünn klopfen.

4 Die Kalbsplätzchen salzen und pfeffern. Die Frühlingszwiebelmasse darauf verteilen und die Plätzchen aufrollen. Mit Holzspiesschen fixieren.

5 In einer weiten Pfanne die Bratbutter erhitzen. Die Fleischvögel auf mittlerem bis kleinem Feuer während 10–12 Minuten sanft braten. Herausnehmen und warm stellen.

6 Den Bratensatz mit Weisswein und Madeira ablöschen. Auf etwa 1 dl einkochen lassen. Am Schluss die Butter (2) in Flocken beifügen, in die Sauce einziehen lassen und mit Salz sowie Pfeffer abschmecken.

7 Die Fleischvögel schräg aufschneiden und mit Sauce umgiessen.

Cordon bleu à ma façon

Für 4 Personen
Zubereiten: etwa 25 Minuten

4 Kalbssteaks, knapp 1 cm dick geschnitten
80 g Raclettekäse
4 Thymianzweige
4 grosse, dünn geschnittene Scheiben Rohschinken
1 Ei
1 Esslöffel Milch
75 g Paniermehl
Salz, schwarzer Pfeffer aus der Mühle
2–3 Esslöffel Bratbutter

Je nach Schinken- und Käsesorte können diese gefüllten Kalbsschnitzel immer wieder anders schmecken. Anstelle der etwas teureren, aber sehr zarten Kalbssteaks (Nierstüc<) kann man auch doppelt geschnittene Kalbsplätzchen verwenden.

1 Mit einem grossen, scharfen Messer waagrecht je eine tiefe Tasche in die Kalbssteaks schneiden (evtl. vom Metzger machen lassen). Dann unter Klarsichtfolie mit dem Wallholz leicht flach klopfen.

2 Den Käse entrinden und in Scheiben schneiden. Die Thymianblättchen von den Zweigen zupfen.

3 In die Kalbssteaks je eine in der Hälfte gefaltete Rohschinkenscheibe legen und diese «Tasche» mit Käsescheibchen und Thymian füllen. Die Steaks mit Zahnstochern verschliessen.

4 In einem Suppenteller das Ei und die Milch verquirlen. Das Paniermehl in einen zweiten Teller geben.

5 Die Cordons bleus beidseitig mit Salz und Pfeffer würzen. Zuerst im Ei, dann im Paniermehl wenden. Die Panade gut andrücken.

6 In einer Bratpfanne die Bratbutter erhitzen. Die Cordons bleus bei mittlerer Hitze auf jeder Seite 3–4 Minuten braten. Sehr heiss servieren.

Pastetchen mit Frühlingsgemüse
Rezept auf Seite 120

Us em Gmüesgarte
Feine Gemüsemahlzeiten

120 Pastetchen mit Frühlingsgemüse
120 Rosenkohltopf
121 Spinatgratin mit Champignons
122 Chicoréeschiffchen mit Hackfleisch
123 Chicorée mit Schinken an Käsesauce
126 Kabisgratin
126 Federkohlpüree mit Speck und Zwiebeln
127 Rotkrautröllchen
128 Blumenkohlgratin
129 Rosenkohl-Speck-Wähe
130 Blumenkohl an Kräuter-Käse-Sauce
131 Gefüllter Wirz
132 Wirzbünteli
132 Lattich im Hemd
134 Wirz-Kartoffel-Gratin mit Speck
135 Waadtländer Gratin
136 Greyerzer Lauchauflauf
137 Omeletten-Gemüse-Auflauf
138 Pilztomaten
138 Kräutertomaten
140 Gebratene Schwarzwurzeln
141 Lauch-Schinken-Rollen
142 Kabis an Senfsauce
143 Gefüllte Zwiebeln mit Spinat

Us em Gmüesgarte

Abbildung Seite 118

Pastetchen mit Frühlingsgemüse

Für 4 Personen
Pastetchen: etwa 30 Minuten
Gemüsefüllung: etwa 40 Minuten

Pastetchen:
500 g Blätterteig
1 Eigelb
1 Teelöffel Rahm
nach Belieben etwas Mohnsamen zum Bestreuen

Füllung:
15 g gedörrte Morcheln
2 Bund junge Rüebli
1 Bund grüne Spargeln
500 g Erbsen in der Schote oder 150 g tiefgekühlte Erbsen
25 g Butter (1)
1 dl Noilly Prat oder Weisswein
2 dl Rahm
1 gehäufter Teelöffel Mehl
20 g weiche Butter (2)
Salz, Pfeffer
einige Tropfen Zitronensaft
½ Bund Kerbel oder Schnittlauch

1 Den Blätterteig 3 mm dick auswallen. Mit Hilfe einer aus Karton gefertigten Herzschablone 12 Herzen ausschneiden. Man kann auch andere Formen ausstechen, zum Beispiel Rondellen, Quadrate usw. Vier ganze Herzen bzw. Formen auf ein mit Backpapier belegtes Blech geben. Dann jeweils zwei weitere Teigherzen aufeinanderlegen und daraus mit einem scharfen Messer ein etwas kleineres Herz herausschneiden; der dabei entstehende Rand sollte etwa 1½ cm breit sein. Je einen solchen Doppel-Herzrand auf die ganzen Herzen legen.

2 Eigelb und Rahm verrühren und damit die Pastetchenränder sorgfältig bestreichen; darauf achten, dass kein Eigelb herunterläuft, sonst geht das Pastetchen beim Backen nicht mehr gleichmässig auf. Die Ränder mit Mohnsamen bestreuen.

3 Die Pastetchen im auf 200 Grad vorgeheizten Ofen auf der untersten Rille während etwa 15 Minuten goldbraun backen.

4 Gleichzeitig mit der Zubereitung der Pastetchen die Morcheln etwa 30 Minuten in warmem Wasser einweichen. Dann gründlich spülen und die Pilze je nach Grösse wenn nötig halbieren oder vierteln.

5 Die Rüebli schälen und je nach Dicke wenn nötig der Länge nach halbieren oder vierteln. Die Spargeln rüsten und schräg in Stücke schneiden. Die Erbsen aus den Schoten lösen.

6 Die Butter (1) in einer eher weiten Pfanne schmelzen und die Morcheln sowie das vorbereitete Gemüse darin unter Wenden 2–3 Minuten andünsten. Mit dem Noilly Prat oder Weisswein ablöschen und gut zur Hälfte einkochen lassen. Dann den Rahm beifügen und das Gemüse noch so lange kochen, bis es knapp weich ist.

7 Mehl und weiche Butter (2) mit einer Gabel verkneten und flockenweise in die leicht kochende Gemüsesauce geben. Mit Salz, Pfeffer und Zitronensaft abschmecken. Kerbel oder Schnittlauch fein schneiden und beifügen.

8 Die Herzpastetchen vor dem Servieren im 200 Grad heissen Ofen nochmals kurz erhitzen. Mit dem Gemüseragout füllen.

Rosenkohltopf

Abbildung Seite 125

Für 4 Personen
als kleines Essen
Zubereiten: etwa 40 Minuten

750 g Rosenkohl
2 mittlere Zwiebeln
2 Esslöffel Butter
1 l Gemüse- oder Hühnerbouillon
1½ dl Crème fraîche
Salz, Pfeffer, Muskat
1 Teelöffel frischer Thymian

1 Den Rosenkohl rüsten und die Röschen je nach Grösse halbieren oder vierteln.

2 Die Zwiebeln schälen und fein hacken.

3 In einer mittleren Pfanne die Butter schmelzen. Die Zwiebeln darin glasig dünsten. Den Rosenkohl beifügen und kurz mitdünsten. Die Bouillon dazugiessen. Alles zugedeckt auf kleinem Feuer während 20–25 Minuten weich kochen. ⅓ des Rosenkohls herausheben und beiseite stellen.

4 Restlichen Rosenkohl mitsamt Garflüssigkeit pürieren. Die Suppe nochmals aufkochen und gut die Hälfte der Crème fraîche unterrühren. Mit Salz, Pfeffer und Muskat abschmecken. Beiseite gestellten Rosenkohl wieder beifügen.

5 Zum Servieren restliche Crème fraîche mit dem Thymian verrühren und leicht würzen. Die Suppe in vorgewärmte Teller anrichten und je einen Klacks Crème fraîche daraufgeben.

Spinatgratin mit Champignons

Gemüse vom Feinsten: Dieser hausgemachte Rahmspinat mit reichlich Champignons kann eine fleischlose Mahlzeit sein, zu der man Salzkartoffeln serviert, er schmeckt aber auch sehr gut als Beilage zu gebratenem Fleischkäse oder Cipollatawürstchen.

Für 4 Personen als Mahlzeit

Vorbereiten: etwa 30 Minuten
Backen: etwa 15 Minuten

1 kg frischer Spinat
1 grosse Zwiebel
25 g Butter
2 dl Rahm
Salz, schwarzer Pfeffer aus der Mühle
2 Eigelb
400 g Champignons
50 g geriebener Gruyère

1 Den Spinat gründlich waschen und sehr gut abtropfen lassen. Die Zwiebel schälen und fein hacken.

2 In einer grossen Pfanne die Hälfte der Butter schmelzen. Die Zwiebel darin glasig dünsten. Den Spinat beifügen und unter Wenden so lange mitdünsten, bis er zusammengefallen ist. Den entstandenen Saft abgiessen.

3 Nun den Rahm zum Spinat geben und das Gemüse mit Salz und Pfeffer würzen. Auf mittlerem Feuer noch etwa 5 Minuten kochen lassen. Von der Herdplatte nehmen und die Eigelb unterrühren.

4 Die Champignons rüsten und in dicke Scheiben schneiden. In einer weiten Pfanne in der restlichen Butter kräftig anbraten; ziehen die Pilze Saft, diesen vollständig verdampfen lassen. Erst am Schluss leicht würzen.

5 Etwa zwei Drittel der Pilze unter den Spinat mischen und diesen in eine Gratinform geben. Restliche Pilze darüber verteilen. Den Gratin mit dem Käse bestreuen.

6 Den Spinatgratin im auf 200 Grad vorgeheizten Ofen auf der zweituntersten Rille 15 Minuten überbacken.

Chicoréeschiffchen mit Hackfleisch

Für 4 Personen
Vorbereiten: etwa 30 Minuten
Backen: etwa 20 Minuten

4 grosse weisse Chicorées
2 mittlere Zwiebeln
1–2 Knoblauchzehen
2 Esslöffel Öl
400 g gehacktes Rindfleisch
1 Esslöffel Currypulver
2 Esslöffel Joghurt nature
1 Bund glattblättrige Petersilie
4–5 Zweige Majoran
1 kleiner Zweig Rosmarin
Salz

Sauce:
25 g Butter
1 Esslöffel Mehl
1 Teelöffel milder Curry
3 dl Milch
Salz, Pfeffer

Meistens wird Chicorée als Salat gegessen. Schade eigentlich, denn früher waren die weissgelben Kolben auch als feines Gemüse geschätzt, das oft gefüllt wurde. Hier die Variante mit pikant-exotisch gewürztem Hackfleisch.

1 Die Chicoréeblätter auslösen; der innere Teil mit den kleinen Blättern wird nicht verwendet (z.B. für Salat beiseite stellen). Jeweils drei Blätter ineinanderlegen und diese «Schiffchen» in eine ausgebutterte Gratinform setzen.

2 Die Zwiebeln schälen, halbieren und in Streifen schneiden. Den Knoblauch schälen und in feine Scheibchen schneiden.

3 In einer beschichteten Bratpfanne das Öl erhitzen. Zwiebeln und Knoblauch darin leicht golden rösten. Das Hackfleisch beifügen und kräftig anbraten. Dann den Curry sowie den Joghurt dazugeben. Die Masse unter häufigem Wenden auf kleinem Feuer 10 Minuten dünsten.

4 Inzwischen die Kräuter fein schneiden. Am Schluss unter das Hackfleisch mischen und dieses mit Salz abschmecken. Bergartig in die Chicoréeschiffchen verteilen.

5 Für die Sauce die Butter in einem Pfännchen schmelzen. Das Mehl beifügen und unter Rühren 1 Minute dünsten. Den Curry beigeben und kurz mitdünsten. Unter Rühren langsam die Milch dazugiessen. Die Sauce aufkochen und 3–4 Minuten leicht kochen lassen. Mit Salz und Pfeffer abschmecken. Über die Chicoréeschiffchen verteilen.

6 Das Gemüse im auf 220 Grad vorgeheizten Ofen auf der zweituntersten Rille während etwa 20 Minuten backen. Wer eine Beilage wünscht, serviert Salzkartoffeln oder Trockenreis dazu.

Chicorée mit Schinken an Käsesauce

Für 4 Personen
Vorbereiten: etwa 30 Minuten
Backen: 15–20 Minuten

8 mittlere Chicorées
Saft von ½ Zitrone
4 grosse, dünn geschnittene Schinkenscheiben

Sauce:
30 g Butter
1 gehäufter Esslöffel Mehl
3 dl Milch
½ dl Rahm
50 g geriebener Gruyère
Salz, Pfeffer, Muskatnuss

Ein Klassiker unter den Gemüsemahlzeiten: Die mit Schinken umwickelten gedünsteten Chicoréekolben werden an einer würzigen Käsesauce überbacken. Auf die gleiche Weise lassen sich auch vorgekochte Lauchstangen zubereiten.

1 Die Chicoréekolben waschen und mit einem kleinen, spitzen Küchenmesser das bittere Innere des Strunks keilförmig herausschneiden.

2 Den Chicorée in eine eher weite Pfanne legen und knapp mit Salzwasser bedecken. Den Zitronensaft beifügen. Das Gemüse zugedeckt während 10–15 Minuten weich kochen. Sorgfältig herausheben, leicht abkühlen lassen, dann von Hand etwas ausdrücken, sonst wird die Sauce beim Überbacken verwässert.

3 Die Schinkenscheiben halbieren und den Chicorée damit umwickeln. Nebeneinander in eine ausgebutterte Gratinform legen.

4 Für die Sauce in einem kleinen Pfännchen die Butter schmelzen. Das Mehl beifügen und unter Rühren kurz dünsten. Die Milch und den Rahm langsam dazurühren, die Sauce aufkochen und auf kleinem Feuer 3–4 Minuten leise kochen lassen. Die Pfanne vom Feuer nehmen, den Käse unterrühren und die Sauce mit Salz, Pfeffer sowie Muskatnuss würzen. Über den Chicorée verteilen.

5 Den Chicorée im auf 220 Grad vorgeheizten Ofen auf der zweituntersten Rille während 15–20 Minuten überbacken.

Kabisgratin
Rezept auf Seite 126

Federkohlpüree mit Speck und Zwiebeln
Rezept auf Seite 126

Rosenkohltopf
Rezept auf Seite 120

Us em Gmüesgarte

Kabisgratin — Abbildung Seite 124

Früher wurde dieses sommerliche Kohlgericht mit sogenanntem Spitzkabis zubereitet, also jungem, besonders zartem Kabis, der gleichzeitig mit den ersten Tomaten Saison hat. Heute, da es die Pelati-Tomaten als praktischen Vorrat in der Dose gibt, ist daraus ein Ganzjahresgericht entstanden.

Für 4 Personen
Vorbereiten: etwa 30 Minuten
Backen: 35–40 Minuten

- 1 mittlerer Kabiskopf, ca. 600 g schwer
- 1 grosse Zwiebel
- 25 g Butter
- Salz, Pfeffer aus der Mühle
- 100 g Gruyère
- 150 g Schinkenscheiben
- 1 Dose Pelati-Tomaten (400 g)
- ½ Bund Petersilie
- 1½ dl Halbrahm
- 1 Ei
- 1 Eigelb
- 40 g Rohess- oder magere Bratspecktranchen

1 Den Kabis vierteln und grobe Strunkteile entfernen. Dann das Gemüse in Streifen schneiden. Die Zwiebel schälen und fein hacken.

2 In einer eher weiten Pfanne die Butter schmelzen. Die Zwiebel darin glasig dünsten. Den Kabis beifügen, salzen sowie pfeffern und unter häufigem Wenden während etwa 15 Minuten knapp weich dünsten; evtl. 3–4 Esslöffel Wasser beifügen.

3 Inzwischen den Gruyère fein reiben. Den Schinken in Streifen schneiden. Die Pelati-Tomaten in ein Sieb schütten und gut abtropfen lassen, dabei den Saft für den Guss auffangen. Die Tomaten in grobe Würfel schneiden.

4 Eine Gratinform ausbuttern. Lagenweise Kabis, Käse, Schinken und Tomatenwürfel einschichten.

5 Die Petersilie fein hacken. Mit dem Tomatensaft, Halbrahm, Ei und Eigelb verquirlen. Mit Salz und Pfeffer würzen. Über den Gratin verteilen.

6 Den Kabisgratin im auf 200 Grad vorgeheizten Ofen auf der untersten Rille während 20 Minuten backen. Dann die Sprecktranchen darauf verteilen und alles weitere 15–20 Minuten backen.

Als Beilage passen Petersilienkartoffeln.

Federkohlpüree mit Speck und Zwiebeln — Abbildung Seite 124

Für 4 Personen
Zubereiten: etwa 25 Minuten

- 800 g Federkohl
- 1 Bouillonwürfel
- 2 dl Rahm
- 1 mittlere Zwiebel (1)
- 1 Knoblauchzehe
- 25 g Butter
- Salz, schwarzer Pfeffer aus der Mühle
- 1 Prise Muskat
- 4 mittlere Kartoffeln
- 100 g magere Bratspecktranchen
- 1 grosse Zwiebel (2)
- 1 Esslöffel Bratbutter

1 Die Federkohlblätter waschen und ausgeprägte Mittelrippen flach schneiden. In einer Pfanne etwa 7 dl Wasser mit dem Bouillonwürfel aufkochen. Die Federkohlblätter hineingeben und während 10–12 Minuten weich kochen. Sorgfältig herausheben und gut abtropfen lassen. Dann in Streifen schneiden. Mit dem Rahm pürieren.

2 Die Zwiebel (1) und den Knoblauch schälen und fein hacken.

3 In einer mittleren Pfanne die Butter erhitzen. Zwiebel (1) und Knoblauch darin unter häufigem Wenden etwa 5 Minuten dünsten. Das Federkohlpüree beifügen und gut erhitzen. Das Gemüse mit Salz, Pfeffer und Muskat abschmecken.

4 Gleichzeitig mit dem Federkohl die Kartoffeln zubereiten: Die Knollen schälen, je nach Grösse halbieren oder vierteln und zugedeckt in nicht zuviel Salzwasser weich kochen.

5 Die Specktranchen in Streifchen schneiden. Die Zwiebel (2) schälen und in dünne Ringe schneiden.

6 In einer Bratpfanne in der heissen Bratbutter die Speckstreifen knusprig rösten. Aus der Pfanne nehmen. Nun die Zwiebelringe in das Speckfett geben und golden braten.

7 Das Federkohlpüree und die Kartoffeln in einer vorgewärmten Schüssel anrichten und den Speck sowie die Zwiebelringe darübergeben.

Rotkrautröllchen

Die beliebten Kabiswickel, auch Kabisbünteli genannt, lassen sich nicht nur aus dem weissen Kohl zubereiten. Auch die optisch attraktiven rotvioletten Kabisblätter eignen sich gut zum Füllen – in diesem Rezept mit Gemüse und Kalbsbrät.

Für 4 Personen
Vorbereiten: etwa 40 Minuten
Schmoren: etwa 40 Minuten

1 grosser Rotkabis
1 mittleres Rüebli
1 kleiner Lauchstengel
¼ kleine Sellerieknolle
200 g Champignons
1 Esslöffel Butter (1)
½ dl trockener Portwein oder Sherry
1 dl Rahm
Salz, schwarzer Pfeffer
200 g Kalbsbrät
nach Belieben 1 Bund Schnittlauch zum Binden der Röllchen
30 g Butter (2)
2½ dl Rotwein
2 Esslöffel Rotweinessig
2½ dl leichte Hühner- oder Fleischbouillon
1 Esslöffel Preiselbeerkonfitüre
50 g Butter (3)

1 Reichlich Salzwasser aufkochen. Den Kabis am Strunk keilförmig einschneiden. Mit dem Strunkende nach oben in das Salzwasser geben und zugedeckt etwa 5 Minuten leise kochen lassen. Herausheben und sorgfältig 12 Blätter ablösen. Die Blätter wenn nötig nochmals ins kochende Wasser zurückgeben, um sie etwas weicher zu garen. Herausheben, gut abtropfen lassen und die dicken Mittelrippen im unteren Teil flach schneiden.

2 Rüebli, Lauch, Sellerie und Champignons rüsten und in allerkleinste Würfelchen schneiden.

3 In einer eher weiten Pfanne die Butter (1) schmelzen. Das vorbereitete Gemüse unter Wenden andünsten. Mit Portwein oder Sherry ablöschen und diesen vollständig verdampfen lassen. Dann den Rahm beifügen und alles sehr cremig einkochen lassen, bis fast keine Flüssigkeit mehr vorhanden ist. Das Gemüse würzen, in eine Schüssel geben und abkühlen lassen.

4 Das Brät zum Gemüse geben und alles gut mischen.

5 Auf jedes Rotkrautblatt etwas Gemüsefüllung geben und aufrollen. Für Leute mit Geduld und Liebe zum Detail: Die Röllchen mit kurz blanchierten Schnittlauchhalmen binden.

6 In einer weiten Pfanne die Butter (2) erhitzen. Die Rotkrautröllchen mit der Nahtseite nach unten hineingeben. Kurz anbraten, ohne zu wenden. Mit Rotwein und Essig ablöschen. Die Bouillon beifügen. Die Rotkrautröllchen zugedeckt auf kleinem Feuer während etwa 30 Minuten schmoren lassen.

7 Die Röllchen warm stellen. Die Garflüssigkeit auf knapp 2 dl einkochen lassen. Die Preiselbeerkonfitüre beifügen. Die Butter (3) in Flocken dazugeben und einziehen lassen. Die Sauce mit Salz sowie Pfeffer abschmecken. Über die Rotkrautröllchen geben und diese sofort servieren.

Us em Gmüesgarte

Blumenkohlgratin

Für 4 Personen
Vorbereiten: etwa 20 Minuten
Backen: etwa 20 Minuten

1 grosser Blumenkohl
500 g Fleischtomaten oder
1 grosse Dose Pelati-Tomaten (800 g)
Salz, schwarzer Pfeffer aus der Mühle
1 dl Rahm
1 dl Milch
1 Ei
50 g geriebener Sbrinz
einige Butterflöckchen

Zu den schönsten Gemüsekombinationen gehören Blumenkohl und Tomaten. Sie ergeben sowohl für das Auge wie für den Gaumen ein attraktives Gericht, das eine köstliche Beilage zu vielen kurz gebratenen Fleischspezialitäten ist, das mit Brat- oder Salzkartoffeln serviert aber auch eine eigenständige Mahlzeit sein kann.

1 Den Blumenkohl rüsten und in Röschen teilen. Diese in nicht zuviel Salzwasser zugedeckt nicht zu weich kochen. Abschütten und abtropfen lassen.

2 Die Fleischtomaten kurz in kochendes Wasser tauchen, herausheben, schälen, quer halbieren, entkernen und würfeln. Pelati-Tomaten in ein Sieb abschütten und gut abtropfen lassen (den Saft z.B. für eine Suppe verwenden).

3 Eine Gratinform ausbuttern. Drei Viertel der Tomaten auf dem Boden verteilen und mit Salz sowie Pfeffer würzen. Die Blumenkohlröschen daraufgeben. Die restlichen Tomaten in die Zwischenräume verteilen.

4 Rahm, Milch, Ei und die Hälfte des Sbrinz verquirlen. Mit Salz und Pfeffer würzen. Über den Blumenkohl verteilen. Den Gratin mit dem restlichen Käse bestreuen und reichlich Butterflöckchen darüber verteilen.

5 Den Blumenkohlgratin im auf 220 Grad vorgeheizten Ofen auf der zweituntersten Rille während etwa 20 Minuten überbacken.

Rosenkohl-Speck-Wähe

Für 5–6 Personen
Vorbereiten: etwa 40 Minuten
Backen: etwa 30 Minuten

800 g Rosenkohl
200 g Bratspecktranchen
ca. 300 g Kuchenteig
75 g geriebener Gruyère
75 g geriebener Emmentaler
2 Eier
2 dl Rahm
Salz, schwarzer Pfeffer aus der Mühle
frisch geriebene Muskatnuss

Der Freitag war früher der traditionelle Backtag. Zuerst wurde Brot gebacken, später kamen die süssen und pikanten Wähen in den noch stundenlang heissen Ofen. Hier eine währschafte Variante, die zwischen Gemüse- und Käsekuchen liegt. Anstelle von Rosenkohl kann man auch andere Gemüse auf diese Weise als Wähe zubereiten.

1 Den Rosenkohl rüsten und die Strunkteile kreuzweise einschneiden. Das Gemüse in nicht zuviel Salzwasser oder Bouillon zugedeckt nicht zu weich kochen. Abschütten und leicht abkühlen lassen.

2 Inzwischen die Specktranchen in 2 cm lange Stücke schneiden.

3 Den Kuchenteig auswallen und ein mittleres Wähenblech damit auslegen. Den Teigboden mit einer Gabel regelmässig einstechen.

4 Die beiden Käsesorten mischen und auf dem Teigboden verteilen. Die Rosenkohlköpfchen darauf dekorativ anordnen und zwischen jedes Köpfchen ein Speckstück stecken.

5 Eier und Rahm verquirlen. Mit Salz, Pfeffer und Muskatnuss würzen. Über das Gemüse geben.

6 Die Rosenkohl-Speck-Wähe im auf 200 Grad vorgeheizten Ofen auf der untersten Rille während etwa 30 Minuten backen.

Blumenkohl an Kräuter-Käse-Sauce

Für 4 Personen
Vorbereiten: etwa 25 Minuten
Backen: etwa 15 Minuten

1 mittlerer Blumenkohl
Sauce:
25 g Butter
1 gehäufter Esslöffel Mehl
3 dl Milch
1 Bund Petersilie
12 Basilikumblätter
1 Bund Schnittlauch
4 Esslöffel Rahm
40 g geriebener Sbrinz
40 g geriebener Tilsiter oder Appenzeller
1 Teelöffel Senf
1 Eigelb
Salz, schwarzer Pfeffer aus der Mühle
frisch geriebene Muskatnuss

Der Blumenkohl an weisser Sauce gehört zu den unvergessenen kulinarischen Kindheitserinnerungen. Hier eine etwas modernere Variante mit viel frischen Kräutern. Auch andere Gemüse wie Rüebli, Sellerie, Kohlrabi, Schwarzwurzeln oder Zucchetti können auf diese Weise zubereitet werden.

1 Die Blätter des Blumenkohls ablösen und den Strunk kreuzweise einschneiden, dabei jedoch darauf achten, dass der Kopf ganz bleibt. In Salzwasser während etwa 20 Minuten knapp weich kochen. Sorgfältig herausheben und in eine ausgebutterte Gratinform setzen.

2 Während das Gemüse kocht, die Sauce zubereiten: In einer kleinen Pfanne die Butter schmelzen. Das Mehl beifügen und unter Rühren 1 Minute dünsten. Dann die Milch langsam dazugiessen und aufkochen. Die Sauce auf kleinem Feuer offen etwa 10 Minuten kochen lassen, hin und wieder umrühren.

3 Alle Kräuter fein schneiden.

4 Nach 10 Minuten Kochzeit den Rahm und die beiden Käsesorten in die Sauce geben. Wenn der Käse geschmolzen ist, die Sauce vom Feuer nehmen. Den Senf, das Eigelb und die Kräuter unterrühren. Die Sauce mit Salz, Pfeffer und Muskatnuss abschmecken.

5 Unmittelbar vor dem Backen die Sauce über den Blumenkohl giessen. Diesen sofort im auf 220 Grad vorgeheizten Ofen auf der zweituntersten Rille während etwa 15 Minuten überbacken.

Der Blumenkohl ist – zusammen mit Salzkartoffeln serviert – eine vollwertige Mahlzeit oder solo eine originelle Beilage zu vielen Fleischgerichten.

Gefüllter Wirz

Für 4 Personen
Vorbereiten: etwa 45 Minuten
Backen: etwa 40 Minuten

1 mittlerer Wirz
400 g Kartoffeln
1 kleine Zwiebel
20 g Butter
150 g Schinken
150 g Gruyère oder Tilsiter
1½ dl Crème fraîche
Salz, Pfeffer, Muskatnuss
ca. 2 dl Bouillon

Ein reichhaltiger Kartoffelstock mit Schinken, Käse und Gemüse dient als Füllung für diesen «ausgehöhlten» Wirzkopf. Die etwas schnellere Variante: Etwa 12 schöne, grosse Wirzblätter auslösen, in Salzwasser 3–4 Minuten blanchieren, mit der Kartoffelstockfüllung belegen, aufrollen und die Wirzrouladen in Bouillon schmoren lassen.

1 Den Wirzkopf im Ganzen in reichlich kochendes Salzwasser geben und etwa 15 Minuten vorgaren. Sorgfältig herausheben, gut abtropfen und etwas abkühlen lassen. Dann den Kopf mit einem scharfen Messer bis auf einen Rand von etwa 1 cm aushöhlen. Das Wirzinnere grob hacken.

2 Gleichzeitig mit dem Wirz die Kartoffeln schälen, halbieren oder vierteln und in Salzwasser weich kochen. Abschütten, gut abtropfen lassen und sofort durch das Passevite treiben.

3 Die Zwiebel schälen und fein hacken. Die Butter in einer mittleren Pfanne schmelzen und die Zwiebel darin andünsten. Den gehackten Wirz beifügen und alles während etwa 10 Minuten weich dünsten. Zu den Kartoffeln geben.

4 Den Schinken und den Käse in kleine Würfelchen schneiden. Mit der Crème fraîche zum Kartoffelpüree geben. Alles gut mischen und pikant mit Salz, Pfeffer und Muskat würzen.

5 Den Wirzkopf in eine gut ausgebutterte Soufflé- oder Gratinform setzen und bergartig mit dem Kartoffelpüree füllen. Die Bouillon dazugiessen. Die Form mit Alufolie verschliessen.

6 Den Wirz im auf 200 Grad vorgeheizten Ofen auf der untersten Rille während 30 Minuten backen. Die Folie entfernen und das Gemüse noch etwa 10 Minuten überbacken.

Lattich im Hemd

Für 4 Personen
Vorbereiten: etwa 15 Minuten
Backen: etwa 35 Minuten

4 mittlere Lattiche
Salz, schwarzer Pfeffer
8 Scheiben Schinken
1½ dl Bouillon
75 g geriebener Gruyère
1 dl Doppelrahm

Lattich schmeckt nicht nur als Salat zubereitet, sondern ist auch ein feines Gemüse. In diesem Rezept werden die vorgekochten Hälften mit Schinken umwickelt und im Ofen mit Rahm und Käse überbacken. Als Beilage serviert man Salzkartoffeln.

1 Die Lattichköpfe der Länge nach halbieren und unter kaltem Wasser gründlich spülen. Dann mit Küchenschnur binden, damit die Blätter zusammenhalten. Die Lattichpakete in nicht zuviel kochendem Salzwasser 5 Minuten vorkochen. Herausheben, von Hand leicht auspressen und die Küchenschnur entfernen.

2 Die Lattichhälften mit Pfeffer würzen, der Länge nach einmal falten und mit einer Scheibe Schinken umwickeln. In eine ausgebutterte Gratinform legen. Die Bouillon dazugiessen. Die Form mit Alufolie verschliessen.

3 Den Lattich im auf 200 Grad vorgeheizten Ofen auf der zweituntersten Rille während 20 Minuten schmoren lassen. Dann die Folie entfernen, den Gruyère über das Gemüse verteilen und dieses mit Doppelrahm beträufeln. Nochmals etwa 15 Minuten offen backen.

Wirzbünteli

Für 4 Personen
Vorbereiten: etwa 50 Minuten
Backen: 40–45 Minuten

1 mittlerer Wirz
1 mittlere Zwiebel
30 g Butter
100 g Langkornreis
1½ dl Bouillon (1)
4 Esslöffel Pinienkerne
75 g geriebener Gruyère (1)
25 g geriebener Sbrinz
1 Ei
2 Esslöffel Doppelrahm (1)
Salz, Pfeffer
1½ dl Weisswein
1½ dl Bouillon (2)
1 dl Doppelrahm (2)
30 g geriebener Gruyère (2)

Diese Gemüserouladen sind mit einer pikanten fleischlosen Reis-Käse-Masse gefüllt. Nach Belieben kann man der Füllung etwa 200 g Hackfleisch beifügen. In diesem Fall nur die Hälfte des Käses verwenden und die Pinienkerne weglassen.

1 12 Wirzblätter sorgfältig auslösen. In kochendem Salzwasser 3–4 Minuten blanchieren. Auf einem sauberen Tuch abtropfen lassen.

2 Vom restlichen Wirz 100 g (ohne Strunkteil) abwägen und grob hacken.

3 Die Zwiebel schälen und fein hacken.

4 In einer mittleren Pfanne die Butter schmelzen. Die Zwiebel darin glasig dünsten. Den gehackten Wirz beifügen und kurz mitdünsten. Den Reis und die Bouillon (1) beifügen. Alles auf kleinem Feuer während 15–18 Minuten knapp weich dünsten. Auskühlen lassen.

5 Die Pinienkerne in einer trockenen Pfanne ohne Fettzugabe leicht rösten.

6 Die Hälfte der Pinienkerne, den Gruyère (1), den Sbrinz, das Ei und den Doppelrahm (1) zum Reis geben. Die Masse mit Salz und Pfeffer würzen.

7 Die Wirzblätter auf der Arbeitsfläche auslegen und den unteren dicken Teil der Mittelrippen mit einem scharfen Messer flach schneiden. Die Füllung in die Mitte der Blätter geben, die seitlichen Ränder darüberklappen und die Blätter aufrollen. Mit Küchenfaden binden.

8 Die Wirzröllchen in einen Bräter geben. Den Weisswein dazugiessen und zur Hälfte einkochen lassen. Man kann die Röllchen auch in einer Gratinform zubereiten; in diesem Fall den Wein vor dem Beifügen in einem Pfännchen separat einkochen lassen.

9 Die Bouillon (2) und den Doppelrahm (2) beifügen. Die Wirzröllchen zugedeckt im auf 220 Grad vorgeheizten Ofen auf der untersten Rille während etwa 30 Minuten schmoren lassen.

10 Die Form abdecken, den geriebenen Gruyère (2) sowie die restlichen Pinienkerne darüberstreuen und offen nochmals 10–15 Minuten backen.

Lattich im Hemd

Wirzbünteli

Us em Gmüesgarte

Wirz-Kartoffel-Gratin mit Speck

Der Speck verleiht diesem währschaften Gratin seine unverkennbare Würze. Wünscht man diese etwas weniger ausgeprägt, verwendet man in dünne Scheiben geschnittenen Schinken. Auf die gleiche Weise lässt sich auch ein Gratin mit Chinakohl zubereiten.

Für 4–5 Personen
Vorbereiten: etwa 30 Minuten
Backen: etwa 50 Minuten

- 750 g Wirz
- 750 g Kartoffeln
- 2 Knoblauchzehen
- 150 g Bratspeck
- Salz, Pfeffer, Muskat
- 2 Eier
- 2 dl Halbrahm
- 1 dl Milch
- 100 g geriebener Gruyère

1 Den Strunk des Wirzes keilförmig herausschneiden, dann die Blätter sorgfältig auslösen. In reichlich kochendes Salzwasser geben und 3–4 Minuten blanchieren. Sorgfältig herausheben und auf einem Küchentuch abtropfen lassen.

2 Die Kartoffeln schälen und in dünne Scheiben schneiden. Den Knoblauch schälen und ebenfalls fein scheibeln.

3 Eine Gratinform ausbuttern. Den Boden mit 5–6 Specktranchen belegen. Dann die Form mit der Hälfte der Wirzblätter auslegen. Die Hälfte der Kartoffeln einschichten und mit Salz, Pfeffer und Muskat würzen. Den Knoblauch darübergeben. ¼ der restlichen Wirzblätter in Streifen schneiden und auf den Kartoffeln verteilen.

4 Die Eier, den Rahm, die Milch und den Käse verquirlen und mit Salz sowie Pfeffer würzen. Die Hälfte des Gusses über die Kartoffeln in der Form verteilen. Die restlichen Kartoffeln einschichten und mit Salz, Pfeffer und Muskat würzen. Den restlichen Guss darübergeben. Den Rand des Gratins mit den restlichen Wirzblättern belegen und diese satt in die Kartoffeln drücken. Die restlichen Speckscheiben auf dem Gratin verteilen.

5 Den Gratin im auf 180 Grad vorgeheizten Ofen auf der untersten Rille während etwa 50 Minuten backen.

Waadtländer Gratin

Traditionellerweise wird zu diesem saftigen Kartoffel-Lauch-Gratin eine Saucisson vaudois serviert. In einigen Rezepten wird die gekochte Wurst geschält, in Scheiben geschnitten, mit dem Kartoffel-Lauch-Gemüse in die Form geschichtet und überbacken.

Für 4 Personen
Vorbereiten: etwa 35 Minuten
Backen: etwa 20 Minuten

750 g Kartoffeln
300 g Lauch
1 grosse Zwiebel
2 Esslöffel Butter
2 dl Weisswein
1 Knoblauchzehe
Salz, Pfeffer, Muskat

Sauce:
ca. 2 dl Milch
1 Esslöffel Butter
1 Esslöffel Mehl
Salz, Pfeffer, Muskat

Zum Überbacken:
50 g geriebener Gruyère
einige Butterflöckchen

1 Die Kartoffeln schälen und in feine Scheiben schneiden. Den Lauch rüsten und in breite Ringe schneiden. Die Zwiebel fein hacken.

2 In einer eher weiten Pfanne die Butter schmelzen. Die Zwiebel darin glasig dünsten. Die Kartoffeln und den Lauch beifügen und den Weisswein dazugiessen. Die Knoblauchzehe dazupressen. Alles mit Salz, Pfeffer und Muskat würzen. Die Kartoffeln nur gerade knapp weich kochen. Das Gemüse abgiessen und den Sud für die Sauce zurückbehalten. Die Kartoffel-Lauch-Mischung in eine gut ausgebutterte Gratinform geben.

3 Den Sud mit Milch auf 3 dl ergänzen.

4 In einem Pfännchen die Butter schmelzen. Das Mehl beifügen und unter Rühren kurz dünsten. Die Milchflüssigkeit langsam dazugiessen, aufkochen und unter Rühren etwa 5 Minuten kochen lassen. Mit Salz, Pfeffer und Muskat würzen. Die Sauce über das Gemüse verteilen. Alles mit dem Gruyère bestreuen und mit reichlich Butterflöckchen belegen.

5 Den Kartoffel-Lauch-Gratin im auf 220 Grad vorgeheizten Ofen auf der mittleren Rille während 20–25 Minuten überbacken.

Greyerzer Lauchauflauf

Für 4 Personen

Vorbereiten: etwa 35 Minuten
Backen: etwa 30 Minuten

800 g Lauch
400 g Kartoffeln
1 mittlere Zwiebel
1 Esslöffel Butter
2½ dl Bouillon
150 g Schinkenscheiben
300 g Rahmquark
100 g geriebener Gruyère
Salz, Pfeffer, Muskat
75 g Speckwürfelchen

Dieser saftige Gratin mit Gemüse, Kartoffeln, Schinken, Käse und Quark kann auch mit Spinat oder in Streifen geschnittenem Lattich zubereitet werden.

1 Den Lauch rüsten und in Ringe schneiden. Die Kartoffeln schälen und in kleine Würfel schneiden. Die Zwiebel schälen und fein hacken.

2 In einer eher weiten Pfanne die Butter schmelzen. Die Zwiebel darin glasig dünsten. Den Lauch beifügen und kurz mitdünsten. Die Kartoffelwürfel und die Bouillon dazugeben. Alles zugedeckt auf kleinem Feuer während etwa 15 Minuten knapp weich kochen. Das Gemüse abschütten.

3 Den Schinken in kleine Vierecke schneiden. Mit dem Rahmquark und dem Gruyère mischen und würzen.

4 Eine Gratinform ausbuttern. Die Hälfte des Lauch-Kartoffel-Gemüses einschichten und mit der Hälfte der Quarkmischung decken. Das restliche Gemüse sowie den Quark darübergeben. Die Speckwürfelchen auf dem Gratin verteilen.

5 Den Lauchauflauf im auf 200 Grad vorgeheizten Ofen auf der zweituntersten Rille während etwa 30 Minuten backen.

Omeletten-Gemüse-Auflauf

Dieses rustikale Ofengericht eignet sich sehr gut auch zur Restenverwertung von Gemüse. Bereichert werden kann es durch klein geschnittene Bratenreste, Hackfleisch oder Schinkenstreifen.

Für 4 Personen
Vorbereiten: etwa 40 Minuten
Backen: etwa 30 Minuten

Omeletten:
150 g Mehl, 2½ dl Milch, 2 Eier, ¼ Teelöffel Salz, Butter zum Backen

Gemüse:
2 mittlere Lauchstengel, 2 grosse Rüebli, ¼ Knollensellerie, 2 Kohlrabi, 200 g grüne Bohnen, 1½ dl Gemüse- oder Hühnerbouillon

Sauce:
1 Zwiebel, 1 Knoblauchzehe, 20 g Butter, 1½ dl Halbrahm, 125 g Doppelrahm-Frischkäse, nach Belieben mit Kräutern oder grünem Pfeffer, 1 Bund Petersilie, Salz, schwarzer Pfeffer aus der Mühle

Zum Überbacken:
75 g geriebener Gruyère

1 Das Mehl in eine Schüssel sieben und mit der Milch zu einem glatten Teig rühren. Die Eier und das Salz unterschlagen. Den Teig mindestens 20 Minuten ausquellen lassen. Dann in einer beschichteten Bratpfanne wenig Butter erhitzen und aus dem Teig 5–6 Omeletten im Durchmesser der später verwendeten Auflaufform backen.

2 Alle Gemüse rüsten und mit Ausnahme der Bohnen je nach Sorte in Stengelchen, Rädchen oder Würfel schneiden. In eine Pfanne geben, die Bouillon beifügen und zugedeckt knapp weich kochen.

3 Für die Sauce die Zwiebel und den Knoblauch schälen. In einer kleinen Pfanne in der warmen Butter hellgelb dünsten. Den Rahm dazugiessen und aufkochen. Dann den Frischkäse beifügen und die Sauce noch 1–2 Minuten leise kochen lassen, bis der Käse geschmolzen ist. Vom Feuer ziehen. Die Petersilie fein hacken und beifügen. Die Sauce mit Salz und Pfeffer abschmecken.

4 Das Gemüse abschütten und in die Sauce geben. Sorgfältig mischen.

5 Eine Auflaufform ausbuttern und abwechselnd Omeletten, geriebenen Gruyère sowie Gemüse mit Sauce einschichten. Mit Gemüse und Gruyère abschliessen.

6 Den Auflauf im auf 200 Grad vorgeheizten Ofen auf der untersten Rille während etwa 30 Minuten backen.

Pilztomaten

Für 4 Personen als Mahlzeit
Für 6 Personen als Beilage
Vorbereiten: etwa 20 Minuten
Backen: etwa 20 Minuten

12 mittlere Tomaten
Salz, schwarzer Pfeffer aus der Mühle
400 g Champignons
1 Schalotte oder kleine Zwiebel
1 Knoblauchzehe
2 Esslöffel Butter
1 dl Rahm

Ein richtiges Sommeressen: mit Champignons gefüllte Tomaten, die im Ofen kurz gebacken werden. Die Füllung kann auch mit Mischpilzen zubereitet werden. Die Tomaten sind eine vollwertige Mahlzeit, zu der man Reis oder Teigwaren serviert, schmecken aber auch als Beilage zu vielen kurz gebratenen oder grillierten Fleischspezialitäten.

1 Von den Tomaten am Stielansatz einen Deckel abschneiden und das Innere herauskratzen. Die entstandene Höhlung mit Salz und Pfeffer würzen. Die Tomaten in eine grosszügig ausgebutterte Gratinform stellen.

2 Die Tomatendeckel in kleine Würfelchen schneiden, dabei den Stielansatz entfernen.

3 Die Champignons rüsten und in Scheiben schneiden.

4 Die Schalotte oder Zwiebel sowie den Knoblauch schälen und sehr fein hacken.

5 In einer weiten Pfanne die Butter erhitzen. Die Schalotten-Knoblauch-Mischung darin hellgelb dünsten. Dann die Hitze höher stellen. Die Champignons beifügen und kräftig anbraten; ziehen die Pilze dabei Saft, diesen vollständig verdampfen lassen. Nun die Tomatenwürfel und den Rahm beifügen und alles mit Salz sowie Pfeffer würzen. Das Pilzgemüse noch kräftig kochen lassen, bis die Sauce gut eingekocht ist und leicht bindet. Bergartig in die vorbereiteten Tomaten füllen.

6 Die Tomaten im auf 220 Grad vorgeheizten Ofen auf der zweituntersten Rille während etwa 20 Minuten backen.

Kräutertomaten

Für 4 Personen als Mahlzeit
Für 6 Personen als Beilage
Vorbereiten: etwa 15 Minuten
Backen: etwa 20 Minuten

12 mittlere Tomaten
Salz, schwarzer Pfeffer aus der Mühle
2 Knoblauchzehen
2 Bund Petersilie
2 Bund Basilikum
50 g geriebener Parmesan
75 g hausgemachtes Paniermehl
½ dl Olivenöl

Diese mit reichlich Kräutern, Käse und Paniermehl gefüllten Tomaten schmecken auch kalt serviert ausgezeichnet. Gut passen sie in diesem Fall zu einer Fleischplatte oder ergeben zusammen mit Salat eine sommerliche Vorspeise. Werden sie warm auf den Tisch gebracht, passen ein Weissweinrisotto oder Teigwaren als Beilage.

1 Von den Tomaten am Stielansatz einen Deckel abschneiden. Die Kerne herauskratzen, so dass etwas Platz für die Füllung entsteht. Die Tomaten sparsam mit Salz und Pfeffer würzen und in eine gut ausgebutterte Gratinform setzen.

2 Den Knoblauch schälen und mit der Petersilie und dem Basilikum fein hacken. In einem Schüsselchen mit dem Parmesan und dem Paniermehl mischen, dann das Olivenöl beifügen. Mit wenig Salz, jedoch reichlich frisch gemahlenem Pfeffer würzen. Die Paste in die Tomatenhöhlungen streichen. Nach Belieben die Tomatendeckel wieder aufsetzen.

3 Die Tomaten im auf 220 Grad vorgeheizten Ofen während etwa 20 Minuten backen.

Gebratene Schwarzwurzeln

Für 4 Personen
Zubereiten: etwa 40 Minuten

1 kg Schwarzwurzeln
2 Esslöffel Zitronensaft
50 g Butter
Salz, schwarzer Pfeffer aus der Mühle
1 Knoblauchzehe
1 Bund Petersilie

«Spargeln des armen Mannes» nennt man dieses aromatische Wintergemüse auch. Leider ist es bei manchen Leuten aus dem Küchenrepertoire gefallen, weil das Schälen etwas aufwendig ist und gerne bräunlich verfärbte Finger hinterlässt. Doch letzteres kann man vermeiden, wenn man die Stangen unter fliessendem Wasser schält.

1 Die Schwarzwurzeln unter fliessendem Wasser mit dem Sparschäler schälen. Sofort in mit Zitronensaft gemischtes Wasser legen, damit sie schön weiss bleiben.

2 Die Schwarzwurzeln in mundgerechte Stücke schneiden. In einer eher weiten Pfanne in nicht zuviel Salzwasser knapp weich kochen. Gut abtropfen lassen.

3 In einer Bratpfanne die Butter erhitzen. Die Schwarzwurzeln hineingeben, leicht salzen und pfeffern und unter gelegentlichem Wenden wie Bratkartoffeln langsam golden braten.

4 Den Knoblauch schälen und mit der Petersilie fein hacken. Beides kurz vor dem Servieren zum Gemüse geben und noch 1–2 Minuten mitbraten.

Lauch-Schinken-Rollen

Schnell vorbereitet und von (fast) allen geliebt: Lauchstangen werden mit Schinken umwickelt und an einem leichten Rahm-Bouillon-Jus im Ofen langsam geschmort.

Für 4 Personen
Vorbereiten: etwa 10 Minuten
Backen: etwa 45 Minuten

- 8 grosse Lauchstengel
- 8 Scheiben Schinken
- 1 dl Gemüse- oder Hühnerbouillon
- 1 dl Rahm
- Salz, schwarzer Pfeffer aus der Mühle
- 50 g geriebener Sbrinz oder Parmesan

1 Von den Lauchstengeln die harten dunkelgrünen Blatteile und den Wurzelansatz entfernen. Die Stengel im oberen Teil zu einem guten Drittel einschneiden und gründlich waschen, da zwischen den Blattschichten oft Sand sitzt.

2 Jeden Lauchstengel mit einer Scheibe Schinken umwickeln. Satt nebeneinander in eine gut ausgebutterte Gratinform legen. Mit Bouillon und Rahm umgiessen. Würzen. Die Form mit Alufolie verschliessen.

3 Den Lauch im auf 220 Grad vorgeheizten Ofen auf der untersten Rille während 30 Minuten garen. Dann die Folie entfernen. Alles grosszügig mit Käse bestreuen. Wieder in den Ofen geben und weitere 15 Minuten ungedeckt überbacken.

Tip

Auf die gleiche Art kann auch Lattich zubereitet werden: Dazu die Lattichköpfe gründlich waschen und der Länge nach je nach Grösse halbieren oder vierteln; Strunk nicht wegschneiden, sonst fallen die Blätter auseinander. In reichlich kochendem Salzwasser 2–3 Minuten blanchieren. Herausheben, kalt abschrecken und nach Rezept weiterfahren. Die Garzeit verkürzt sich um etwa 15 Minuten.

Us em Gmüesgarte

Kabis an Senfsauce

Kabis einmal anders: In dicke Schnitze geschnitten, in Bouillon gegart und begleitet von einer körnig-rahmigen Senfsauce wird er zu einer originellen fleischlosen Mahlzeit, zu der am besten Salzkartoffeln oder Reis passen.

Für 4 Personen
Zubereiten: etwa 25 Minuten

- 1 mittlerer Weisskabis
- 4 dl Hühner- oder Gemüsebouillon
- 30 g Butter
- 1 Esslöffel Mehl
- 1 dl Rahm
- 2 Esslöffel grobkörniger Senf
- 1 dl saurer Halbrahm
- Salz, Pfeffer aus der Mühle

1   Wenn nötig die äussersten Kabisblätter entfernen, dann den Kopf in Achtel schneiden. Dicke Strunkteile am Ansatz herausschneiden. Die Kabisstücke in eine mittlere Pfanne geben und die Bouillon dazugiessen. Das Gemüse zugedeckt auf kleinem Feuer weich kochen (15–20 Minuten). Dann den Sud in einen Messbecher abgiessen und abmessen; wenn nötig auf 3 dl ergänzen. Den Kabis zugedeckt warm stellen.

2   In einem Pfännchen die Butter schmelzen. Das Mehl beifügen und unter Rühren kurz dünsten. Mit dem Kochsud ablöschen, aufkochen und den Rahm beifügen. Die Sauce auf kleinem Feuer 5 Minuten kochen lassen.

3   Den Senf und den sauren Halbrahm unter die Sauce rühren und wenn nötig mit Salz und Pfeffer abschmecken. Über die Kabisschnitze geben.

Gefüllte Zwiebeln mit Spinat

Die Arbeit lohnt sich: Durch langsames Backen erhalten die Knollen ein unnachahmlich süsses Aroma, das ausgezeichnet mit der rahmigen Füllung harmoniert.

Für 4 Personen

Vorgaren der Zwiebeln:
45–60 Minuten

Vorbereiten Gemüse:
etwa 25 Minuten

Backen: 15–20 Minuten

8–12 Esslöffel Salz,
je nach Grösse der Form

6–8 Gemüsezwiebeln,
je nach Grösse

500 g frischer Blattspinat

1 Knoblauchzehe

1 Esslöffel Butter

1½ dl Crème fraîche

Salz, Pfeffer

1 Auf den Boden einer Gratinform gut ½ cm hoch Salz geben. Die Zwiebeln ungeschält daraufsetzen. Im auf 220 Grad vorgeheizten Ofen auf der untersten Rille je nach Grösse der Zwiebeln während 45–60 Minuten garen. Etwas abkühlen lassen.

2 Inzwischen den Spinat gründlich waschen. Tropfnass in eine Pfanne geben und so lange dünsten, bis das Gemüse zusammengefallen ist. In ein Sieb abschütten und gut ausdrücken.

3 Die äusserste braune Hülle der abgekühlten Zwiebeln sorgfältig lösen, jedoch nicht abziehen; evtl. mit einer Schere einschneiden, damit sie sich wie eine Blume öffnen lässt. Das Zwiebelfleisch bis auf die äussersten ein bis zwei Schichten mit Hilfe eines spitzen Messers und eines Teelöffels herausholen. Grob hacken. Knoblauch schälen und fein hacken.

4 In einer mittleren Pfanne die Butter schmelzen. Den Knoblauch darin hellgelb dünsten. Gehacktes Zwiebelfleisch und Spinat beifügen und alles kurz mitdünsten. Die Crème fraîche beifügen und leicht einkochen lassen. Mit Salz und Pfeffer abschmecken.

5 Die ausgehöhlten Zwiebeln mit der Spinatmasse füllen und in eine Gratinform setzen. Die restliche Füllung um die Zwiebeln herum verteilen.

6 Die Zwiebeln im auf 220 Grad vorgeheizten Ofen auf der zweituntersten Rille während 15–20 Minuten backen.

Zwetschgenkuchen
Rezept auf Seite 157

Öppis Süesses für de Guscht

Desserts und süsses Gebäck

146	Dörrbirnenfladen
147	Brombeer-Rahm-Kuchen
148	Kirschenflan
149	Birnenkuchen
150	Grossmutters Quarktorte
151	Apfel-Quark-Kuchen
152	Kalter Hund
153	Haselnusscake
156	Strübli
156	Schenkeli
157	Zigerkrapfen
157	Zwetschgenkuchen
158	Süssmostcreme mit gefüllten Äpfeln
159	Himbeersuppe mit Griessklösschen
160	Rhabarber-Götterspeise
161	Kirschensuppe
162	Ofenäpfel mit Vanilleglace
163	Apfelmuscreme mit Mandelkrokant
164	Rhabarbergratin
165	Eierrösti mit Rhabarberkompott
166	Mandelpudding
167	Glacegugelhopf mit Himbeersauce

Dörrbirnenfladen

Ergibt etwa 16 Stück

Einweichen: 8–12 Stunden
Füllung: 30–40 Minuten
Backen: 30–35 Minuten

- 750 g Dörrbirnen
- 100 g Rosinen
- 100 g Baumnusskerne
- 4 Esslöffel Zucker
- 1 Esslöffel Zimt oder Birnbrotgewürz
- 3 Esslöffel Kirsch
- 400 g Kuchenteig
- 5 dl Rahm
- 2 Eier
- 4–5 Esslöffel Zucker

Früher hat man fast in jedem Haushalt selber Birnen und Äpfel gedörrt. Deshalb findet man auch viele traditionelle Backrezepte mit Dörrfrüchten. Dieser einfache Fladen ist ein typisches Beispiel. Er lässt sich mit Zutaten aus dem Vorrat zubereiten und hält sich 4–5 Tage frisch.

1 Die Dörrbirnen mit kaltem Wasser bedeckt über Nacht einweichen.

2 Die Rosinen mit warmem Wasser bedeckt etwa 1 Stunde einweichen.

3 Die Dörrbirnen mit dem Einweichwasser in eine Pfanne geben und zugedeckt weich kochen. Abschütten, dabei 4 Esslöffel Sud aufbewahren. Die Birnen im Cutter oder mit dem Stabmixer pürieren.

4 Die Baumnusskerne grob hacken.

5 Das Birnenmus, die gut abgetropften Rosinen, die Baumnüsse, den Zucker, den Zimt oder das Birnbrotgewürz, den beiseite gestellten Birnensud sowie den Kirsch gut mischen.

6 Den Teig etwa 3 mm dick auswallen und das grosse rechteckige Backofenblech damit auslegen. Die Birnenmasse darauf verteilen.

7 Rahm, Eier und Zucker verquirlen und über das Birnenmus verteilen.

8 Den Dörrbirnenfladen im auf 220 Grad vorgeheizten Ofen auf der untersten Rille während 30–35 Minuten backen.

Brombeer-Rahm-Kuchen

Ergibt 12 Stück
Vorbereiten: etwa 10 Minuten
Backen: 30–35 Minuten

- ca. 300 g Kuchenteig
- 600 g Brombeeren
- 2½ dl Doppelrahm
- 2 Eier
- 2 Eigelb
- 3 Esslöffel Zucker
- 1½ Esslöffel Maizena

Dieser schnelle Früchtekuchen lässt sich auch mit anderen Beeren und Früchten zubereiten. Gut geeignet sind Heidelbeeren, Johannisbeeren, Aprikosen und Zwetschgen.

1 Den Teig auf der leicht bemehlten Arbeitsfläche etwa 3 mm dick auswallen. Ein Kuchenblech von 26 cm Durchmesser damit auslegen. Den Boden mit einer Gabel regelmässig einstechen.

2 Die Brombeeren kurz unter kaltem Wasser überbrausen und auf Küchenpapier leicht trockentupfen. Auf dem Teigboden verteilen.

3 Den Brombeerkuchen im auf 220 Grad vorgeheizten Ofen auf der untersten Rille während 10 Minuten backen.

4 Inzwischen Doppelrahm, Eier, Eigelb, Zucker und Maizena glattrühren. Nach 10 Minuten Backzeit über die Brombeeren verteilen und den Kuchen weitere 20–25 Minuten backen. Lauwarm oder kalt servieren.

Öppis Süesses für de Gluscht

Kirschenflan

Einem zartschmelzenden warmen Pudding gleicht dieses feine Kirschendessert, das einfach und schnell zubereitet ist und auch eine kleine süsse Mahlzeit sein kann.

Für 4–6 Personen
Zubereiten: etwa 15 Minuten
Backen: 35–40 Minuten

400 g Kirschen
4 Eier
2½ dl saurer Halbrahm
2½ dl Crème fraîche
1 Päckchen Bourbon Vanillezucker
60 g Zucker
40 g Mandelstifte

1 Die Kirschen entsteinen und in einem Sieb abtropfen lassen.

2 Die Eier, den sauren Halbrahm, die Crème fraîche, den Vanillezucker und den Zucker verrühren. In eine grosszügig ausgebutterte Pie- oder Gratinform geben. Die Kirschen darauf verteilen und alles mit den Mandelstiften bestreuen.

3 Den Flan im auf 200 Grad vorgeheizten Ofen auf der zweituntersten Rille während 35–40 Minuten backen. Wenn möglich noch lauwarm servieren.

Tip

Anstelle von Kirschen kann der Flan auch mit Aprikosen, Pfirsichen oder Zwetschgen zubereitet werden. In diesem Fall die Früchte in feine Schnitze schneiden. Pfirsiche müssen zuvor noch geschält werden: Etwa 1 Minute in kochendes Wasser geben, kalt abschrecken, danach lässt sich die Haut gut abziehen.

Birnenkuchen

Ergibt 12 Stück
Vorbereiten: etwa 20 Minuten
Backen: 45–50 Minuten

150 g weiche Butter (1)
125 g Zucker
1 Prise Salz
abgeriebene Schale von ½ Zitrone
2 Eier
2 Esslöffel Rahm
2 Teelöffel Backpulver
300 g Mehl
750 g vollreife Birnen
50 g Butter (2)

Dieser unkomplizierte Rührteigkuchen kann auch mit anderen Früchten, zum Beispiel mit Äpfeln, Aprikosen, Zwetschgen oder Rhabarber, zubereitet werden.

1 Die Butter (1) mit dem Zucker, dem Salz und der Zitronenschale zu einer hellen, luftigen Masse aufschlagen; der Zucker soll sich dabei fast ganz auflösen. Dann ein Ei nach dem andern sowie den Rahm unterrühren.

2 Backpulver und Mehl mischen und zum Teig sieben. Sorgfältig untermischen.

3 Die Birnen schälen, halbieren, das Kerngehäuse entfernen und die Früchte in dicke Schnitze schneiden.

4 Eine Springform von 24–26 cm Durchmesser ausbuttern und leicht mit Mehl bestäuben. Den Teig einfüllen. Die Birnenschnitze kreisförmig in den Teig drücken. Alles mit der in Flocken geschnittenen Butter (2) belegen.

5 Den Birnenkuchen im auf 200 Grad vorgeheizten Ofen auf der untersten Rille während 45–50 Minuten backen. Sollte die Oberfläche zu stark dunkeln, mit Alufolie abdecken. Den Kuchen 10 Minuten in der Form stehen lassen, dann auf einem Kuchengitter auskühlen lassen.

Grossmutters Quarktorte

Ergibt 12–16 Stück

Teig: etwa 10 Minuten
Kühl stellen: etwa 30 Minuten
Füllung: etwa 15 Minuten
Backen: etwa 50 Minuten

Zuckerteig:

250 g Mehl
75 g Puderzucker
½ Teelöffel Salz
100 g kalte Butter
1 Ei
2–3 Esslöffel Rahm

Füllung:

750 g Magerquark
6 Eigelb
250 g weiche Butter
200 g Zucker
2 Päckchen Bourbon Vanillezucker
6 Eiweiss
60 g Maizena oder Epifin

1 Mehl, Puderzucker und Salz mischen. Die kalte Butter in Flocken dazuschneiden. Alles zwischen den Fingern zu einer bröseligen Masse reiben. Ei und Rahm verrühren und beifügen. Die Zutaten rasch zu einem glatten Teig verkneten. In Klarsichtfolie gewickelt etwa 30 Minuten kühl stellen.

2 Den Boden einer Springform von etwa 26 cm Durchmesser bebuttern. Knapp die Hälfte des Teigs daraufgeben und in der Grösse des Formenbodens auswallen. Formenrand aufsetzen und ebenfalls bebuttern. Rest des Teiges etwa 7 cm breit länglich auswallen und damit den Rand des Kuchens formen. Teigboden mit einer Gabel regelmässig einstechen. Kühl stellen.

3 Quark, Eigelb, Butter, die Hälfte des Zuckers und den Vanillezucker zu einer luftigen Masse schlagen.

4 Eiweiss schaumig schlagen. Dann unter Weiterrühren löffelweise restlichen Zucker einrieseln lassen. Die Masse noch so lange weiterschlagen, bis sie schneeweiss und glänzend ist.

5 Die Hälfte des Eischnees unter die Quarkmasse heben. Maizena oder Epifin darübersieben und mit restlichem Eischnee sorgfältig untermischen. Die Masse in die vorbereitete Form füllen.

6 Die Quarktorte im auf 175 Grad vorgeheizten Ofen auf der untersten Rille etwa 50 Minuten backen. Nach 25 Minuten Backzeit, wenn die Oberfläche zu bräunen beginnt, die Torte zwischen Teig und Quarkmasse mit einem Messerchen einschneiden; auf diese Weise hebt sich die Füllung gleichmässig und reisst nicht ein.

7 Die Quarktorte nach dem Backen 20 Minuten in der Form stehen lassen. Dann den Formenrand lösen und die Torte auf eine Platte gleiten lassen. Nach Belieben mit Puderzucker bestäuben.

Öppis Süesses für de Gluscht

Apfel-Quark-Kuchen

Diese verfeinerte Variante eines Quarkkuchens enthält neben Magerquark auch Ricotta und Crème fraîche. Die zarte Vanillefüllung ist ein angenehmer Kontrast zum saftigen Apfelbelag.

Ergibt 12–16 Stück
Teig: etwa 10 Minuten
Kühl stellen: etwa 30 Minuten
Vorbacken: 15 Minuten
Füllung: etwa 20 Minuten
Backen: 45–50 Minuten

Mürbeteig:
125 g Mehl
1 Prise Salz
1 Esslöffel Zucker
60 g Butter
1 Eigelb
1 Esslöffel Rahm

Füllung:
750 g Äpfel
Saft von 1 Zitrone
3 Eigelb
1 Päckchen Bourbon Vanillezucker
100 g Zucker
20 g Vanillepuddingpulver
30 g Maizena
250 g Ricotta (ersatzweise Frischkäse nature)
250 g Magerquark
100 g Crème fraîche
3 Eiweiss

Zum Fertigstellen:
ca. 50 g Aprikosenkonfitüre

1 Für den Teig Mehl, Salz und Zucker in einer Schüssel mischen. Die Butter in Flocken dazuschneiden. Alles zwischen den Fingern zu einer bröseligen Masse reiben. Eigelb und Rahm verrühren und beifügen. Die Zutaten rasch zu einem glatten Teig verkneten. In Folie gewickelt mindestens 30 Minuten kühl stellen.

2 Den Teig auf dem Boden einer mit Backpapier belegten Springform von 24 cm Durchmesser auswallen. Mit einer Gabel regelmässig einstechen. Im auf 200 Grad vorgeheizten Ofen auf der untersten Rille 15 Minuten vorbacken.

3 Inzwischen für die Füllung die Äpfel schälen. Zwei der Äpfel in Viertel schneiden und diese wiederum auf der gewölbten Seite so einschneiden, dass sie noch zusammenhalten. Sofort mit etwas Zitronensaft bestreichen. Die restlichen Äpfel in Schnitze schneiden und ebenfalls mit Zitronensaft mischen.

4 Eigelb, Vanillezucker, Zucker, Puddingpulver und Maizena verrühren. Ricotta, Quark und Crème fraîche beifügen und glattrühren. Die Eiweiss steif schlagen und unterziehen.

5 Den gut bebutterten Formenrand um den vorgebackenen Boden legen. Die Apfelschnitze auf dem Teig verteilen. Die Quarkmasse daraufgeben und glattstreichen. Die Apfelviertel dekorativ auf der Füllung verteilen.

6 Den Kuchen weiterhin bei 200 Grad auf der zweituntersten Rille während 45–50 Minuten backen. Dunkelt die Oberfläche zu stark, mit Alufolie abdecken.

7 Die Konfitüre in einem Pfännchen erwärmen und durch ein Siebchen streichen. Den noch warmen Apfel-Quark-Kuchen damit bestreichen.

Öppis Süesses für de Gluscht

Kalter Hund

Nostalgie pur: Dieser ungebackene Schokoladecake gehörte zu den Lieblingskuchen unzähliger Generationen. Wer ihn nicht kennt, sollte ihn unbedingt ausprobieren.

Ergibt etwa 20 Stück
Zubereiten: etwa 30 Minuten
Kühl stellen: mindestens 2 Stunden

- 250 g Kokosfett oder halb Butter/halb Kokosfett
- 2 Eier
- 1 Prise Salz
- 1 Päckchen Bourbon Vanillezucker
- 50 g Kakaopulver
- 150 g Puderzucker
- 24 Stück Petites Beurres
- 40 g Mandelblättchen
- 80 g dunkle Schokolade
- ½ dl Rahm

1 Kokosfett oder halb Butter/halb Kokosfett in einer kleinen Pfanne bei mittlerer Hitze schmelzen. Etwas abkühlen lassen.

2 Eier, Salz und Vanillezucker zu einer hellen, sehr schaumigen Masse aufschlagen. Kakaopulver und Puderzucker dazusieben und alles gut verrühren. Das abgekühlte Fett beifügen und untermischen.

3 Eine etwa 30 cm lange Cakeform mit Alufolie oder Backpapier so auslegen, dass die Enden über die Form hinauslappen. Abwechselnd eine Lage Petites Beurres und etwas Kakaomasse einfüllen, bis alle Zutaten aufgebraucht sind. Den Kuchen mindestens 2 Stunden kühl stellen.

4 Die Mandelblättchen in einer trockenen Pfanne ohne Fettzugabe leicht rösten und grob zerdrücken.

5 Die Schokolade zerbröckeln. Mit dem Rahm in ein Pfännchen geben. Auf kleinem Feuer schmelzen lassen.

6 Den Kuchen aus der Form heben. Mit der Schokolademasse bestreichen und mit den Mandeln bestreuen. Bis zum Servieren wieder kühl stellen.

Haselnusscake

Ergibt etwa 16 Stück
Vorbereiten: etwa 15 Minuten
Backen: 55–60 Minuten
Glasieren: etwa 10 Minuten

6 Eigelb
100 g Zucker
2 Esslöffel heisses Wasser
200 g gemahlene Haselnüsse
75 g Griess
6 Eiweiss
50 g Puderzucker
2 Beutel Schokoladeglasur
50 g Haselnusskerne

Dieser einfache Kuchen kann gut auf Vorrat gebacken werden, denn er hält sich problemlos eine Woche frisch. Einmal angeschnitten, sollte man die Schnittfläche immer gut mit Alufolie abdecken, damit der Cake nicht austrocknet.

1 Eine Cakeform grosszügig ausbuttern. Kurz kühl stellen, dann mit Mehl ausstäuben. Den Backofen auf 180 Grad vorheizen.

2 Eigelb, Zucker sowie 2 Esslöffel heisses Wasser zu einer hellen, dicklichen Creme aufschlagen. Die Nüsse und den Griess unterrühren.

3 Die Eiweiss sehr schaumig schlagen. Dann löffelweise den Puderzucker einrieseln lassen und so lange weiterschlagen, bis eine glänzende, schneeweisse Masse entstanden ist. Den Eischnee zur Hälfte mit dem Schwingbesen, den Rest mit dem Gummispachtel unter die Nussmasse ziehen. Den Teig in die vorbereitete Form füllen.

4 Den Haselnusscake im auf 180 Grad vorgeheizten Ofen auf der zweituntersten Rille 10 Minuten backen. Dann die Hitze auf 160 Grad reduzieren und den Cake weitere 45–50 Minuten backen. Die Nadelprobe machen: Beim Hineinstechen in den Cake mit einem Holzstäbchen darf kein Teig hängenbleiben. Den Cake in der Form etwa 10 Minuten stehen lassen. Dann dem Rand entlang sorgfältig lösen und auf ein Kuchengitter stürzen. Vollständig auskühlen lassen.

5 Die Schokoladeglasur nach Anleitung auf dem Beutel schmelzen. Den Kuchen dick damit überziehen. Mit Haselnusskernen dekorieren.

Strübli
Rezept auf Seite 156

Zigerkrapfen
Rezept auf Seite 157

Schenkeli
Rezept auf Seite 156

Strübli

Abbildung Seite 154

Vorbereiten: etwa 10 Minuten
Ausquellen: etwa 30 Minuten
Fertigstellen: etwa 15 Minuten

- 3 dl Milch
- 20 g Butter
- 300 g Mehl
- 2 dl Rahm
- 2 Eier
- 2 Esslöffel Zucker
- 2 Prisen Salz
- Fritieröl oder -fett zum Ausbacken
- Puderzucker zum Bestreuen

Eigentlich müsste man diese alte Berner Spezialität Trichterküchlein nennen, weil der Teig durch einen Trichter in heisses Öl zum Ausbacken gegossen wird.

1 Die Milch in einem Pfännchen erwärmen. Die Butter beifügen und schmelzen lassen. Vom Feuer nehmen.

2 Das Mehl in eine Schüssel geben. Die Milch-Butter-Mischung, den Rahm, die Eier, den Zucker und das Salz beifügen. Alles zu einem glatten Teig rühren. Bei Zimmertemperatur 30 Minuten ausquellen lassen.

3 Das Öl oder Fett in der Friteuse oder in einer hohen Pfanne auf 190 Grad erhitzen. Den Teig portionenweise durch einen Trichter mit nicht zu kleiner Öffnung ins heisse Fett einlaufen lassen, dabei den Trichter kreisend bewegen, damit spiralförmige Küchlein entstehen. Während etwa 3 Minuten goldbraun ausbacken; in dieser Zeit einmal wenden. Die Strübli auf Küchenpapier gut abtropfen lassen. Noch warm mit Puderzucker bestäuben.

Tip

Die Strübli können auch pikant zubereitet werden: In diesem Fall lässt man den Zucker weg und ersetzt ihn durch einen knappen Teelöffel Salz; die warmen Strübli mit Kümmel bestreuen.

Schenkeli

Abbildung Seite 154

Ergibt etwa 40 Stück

Vorbereiten: etwa 10 Minuten
Kühl stellen: mindestens 2 Stunden
Fertigstellen: etwa 30 Minuten

- 60 g weiche Butter
- 125 g Zucker
- 1 Prise Salz
- 2 Eier
- abgeriebene Schale von 1 Zitrone
- 1 Esslöffel Kirsch
- ca. 275 g Mehl
- 1 Messerspitze Backpulver
- Fritieröl oder -fett zum Ausbacken

Die fingerdicken Röllchen gehören zum beliebtesten Fasnachtsgebäck und kommen manchmal auch durchs Jahr hindurch auf den Tisch. Die Schenkeli lassen sich in einer gut verschlossenen Dose problemlos eine Woche frisch halten.

1 Die Butter so lange rühren, bis sich kleine Spitzchen bilden. Nacheinander den Zucker, das Salz sowie die Eier beifügen und zu einer geschmeidigen hellen Masse schlagen. Die Zitronenschale und den Kirsch beifügen. Das Mehl mit dem Backpulver mischen. Portionenweise zur Teigmasse sieben und unterziehen, dann rasch zu einem weichen Teig zusammenfügen. In Folie gewickelt mindestens 2 Stunden, besser aber über Nacht kühl stellen.

2 Den Teig zu fingerdicken Rollen formen. Davon Stücke von 3 cm Länge abschneiden und diese zu Kroketten formen, dabei die Enden etwas dünner drehen.

3 Das Öl oder Fett auf 170 Grad erhitzen. Die Schenkeli portionenweise goldgelb ausbacken, bis sie leicht aufspringen. Wichtig: Sie dürfen nicht zu schnell braun werden, weil sie innen durchgebacken sein müssen; wenn nötig die Ausbacktemperatur reduzieren. Die Schenkeli auf Küchenpapier abtropfen lassen.

Zigerkrapfen

Abbildung Seite 155

Ergibt 12–15 Stück
Vorbereiten: etwa 45 Minuten
Fertigstellen: etwa 20 Minuten

Teig:

2 dl Milch
30 g Butter
1 Prise Salz
250 g Mehl

Füllung:

150 g Ziger, Ricotta oder Quark
1 Ei
50 g Zucker
30 g Rosinen
30 g gemahlene Mandeln
½ dl Rahm

Zum Fertigstellen:

Fritieröl oder -fett zum Ausbacken
Zimtzucker zum Wenden

Ursprünglich eine typische Innerschweizer Fasnachtsspezialität, sind heute die süssen, mit Ziger oder inzwischen oft eher mit Quark gefüllten Krapfen in der ganzen Deutschschweiz erhältlich.

1 Für den Teig Milch, Butter und Salz in eine Pfanne geben und aufkochen. Unter ständigem Rühren nach und nach das Mehl beifügen. Den Teig so lange schlagen, bis er sich von der Pfanne löst. Vom Feuer nehmen, leicht abkühlen lassen, dann zu einem weichen Teig kneten. Vollständig auskühlen lassen.

2 Für die Füllung den Ziger, Ricotta oder Quark durch ein Sieb in eine Schüssel streichen. Ei, Zucker, Rosinen und Mandeln unterrühren. Den Rahm halb steif schlagen und untermischen. Bei Verwendung von Quark eventuell nur die Hälfte des Rahms beifügen, da Quark von Natur aus mehr Flüssigkeit als Ziger oder Ricotta enthält.

3 Den Teig auf der bemehlten Arbeitsfläche dünn auswallen. Rondellen von etwa 10 cm Durchmesser ausstechen. Den Rand rundum mit Wasser bestreichen. In die Mitte jeder Rondelle einen Löffel Füllung geben. Die eine Teighälfte über die andere schlagen, so dass ein Halbmond entsteht. Die Ränder mit einer Gabel gut andrücken.

4 Die Zigerkrapfen in der Friteuse bei 180 Grad oder in einer mindestens 1½ cm hoch mit Öl gefüllten Bratpfanne goldbraun ausbacken. Auf Küchenpapier abtropfen lassen. Dann noch warm in Zimtzucker wenden.

Zwetschgenkuchen

Abbildung Seite 144

Ergibt etwa 12 Stück
Teig: etwa 10 Minuten
Kühl stellen: etwa 30 Minuten
Fertigstellen: etwa 15 Minuten
Backen: etwa 60 Minuten

Teig:

150 g Mehl
50 g Zucker
100 g kalte Butter
1 Ei
2–3 Esslöffel kaltes Wasser

Belag:

600 g Zwetschgen
60 g Mehl
1½ dl Milch
3 Eigelb
1 Päckchen Bourbon Vanillezucker
1 gehäufter Esslöffel Zucker
3 Eiweiss

Zum Fertigstellen:

etwas Puderzucker

Besonders gut schmeckt dieser altmodische Früchtekuchen mit einem selbstgemachten Zuckerteig. Hat man keine Zeit dazu, kann man ihn auch durch einen gekauften Kuchenteig ersetzen. Auf die gleiche Weise kann auch ein Aprikosen- oder Pflaumenkuchen zubereitet werden.

1 Für den Teig das Mehl in eine Schüssel sieben und mit dem Zucker mischen. Die Butter in Flocken dazuschneiden. Alles zwischen den Fingern bröselig reiben. Ei und Wasser verquirlen, beifügen und die Zutaten rasch zu einem glatten Teig verkneten. In Klarsichtfolie gewickelt mindestens ½ Stunde kühl stellen.

2 Den Teig zwischen Klarsichtfolie dünn auswallen. Eine Springform von 26 cm Durchmesser damit auslegen und einen Rand von mindestens 3 cm hochziehen.

3 Die Zwetschgen halbieren, entsteinen und in Viertel schneiden.

4 Mehl und Milch glattrühren. Eigelb, Vanillezucker und Zucker beifügen. Die Eiweiss steif schlagen und unterziehen. Auf den Teigboden geben. Die Zwetschgen darübergeben.

5 Den Zwetschgenkuchen im auf 180 Grad vorgeheizten Ofen auf der zweituntersten Rille während etwa 60 Minuten backen. Mit Puderzucker bestäuben.
Lauwarm schmeckt der Kuchen besonders gut.

Öppis Süesses für de Gluscht

Süssmostcreme mit gefüllten Äpfeln

Diese leicht caramelisierte Süssmostcreme wird mit einer kurz pochierten, mit Johannisbeergelee gefüllten Apfelhälfte bereichert – nicht nur für das Auge, sondern auch für den Gaumen eine attraktive Ergänzung dieses köstlichen Grossmutterdesserts.

Ergibt 8 Portionen
Zubereiten: etwa 30 Minuten
(ohne Auskühlen)

4 kleine säuerliche Äpfel
Saft von ½ Zitrone
5 dl kohlensäurehaltiger Süssmost (1)
100 g Zucker
1 dl kohlensäurehaltiger Süssmost (2)
2 gestrichene Esslöffel Maizena
2 dl Rahm
2–3 Esslöffel Mandelblättchen
8 Esslöffel Johannisbeergelee

1 Äpfel schälen, halbieren und Kerngehäuse sorgfältig ausstechen. Die Früchte sofort mit Zitronensaft bestreichen.

2 Den Süssmost (1) in eine weite Pfanne geben. Die Äpfel hineinlegen und zugedeckt aufkochen. Auf kleinem Feuer knapp weich kochen; die Äpfel dürfen nicht zerfallen. Mit einer Schaumkelle herausheben, in eine Schüssel geben und mit Klarsichtfolie decken. Erkalten lassen.

3 In einer zweiten Pfanne den Zucker langsam zu hellbraunem Caramel schmelzen. Mit der Kochflüssigkeit der Äpfel ablöschen. So lange offen leise kochen lassen, bis sich der Caramel vollständig aufgelöst hat.

4 Die zweite Portion Süssmost (2) mit dem Maizena verrühren. In den leicht kochenden Caramelsud geben und unter Rühren noch einmal ganz kurz aufkochen. Vom Herd ziehen und auskühlen lassen.

5 Den Rahm steif schlagen. Unter die Süssmostcreme ziehen.

6 Die Mandelblättchen in einer trockenen Pfanne ohne Fettzugabe rösten.

7 Zum Anrichten die Apfelhälften mit je 1 Esslöffel Johannisbeergelee füllen. Die Creme in tiefe Teller anrichten, je einen Apfel daraufsetzen und mit Mandelblättchen bestreuen.

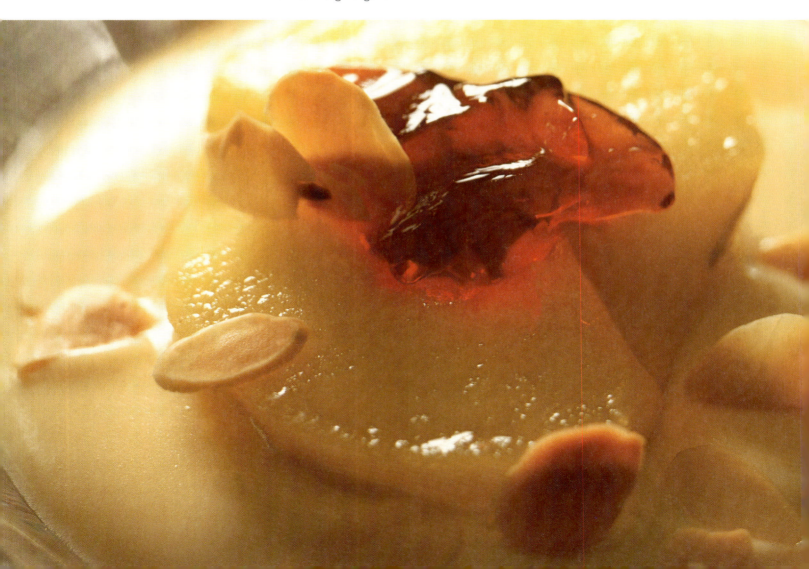

Himbeersuppe mit Griessklösschen

Ergibt 4–5 Portionen
Vorbereiten: etwa 20 Minuten
Kalt stellen: etwa 1 Stunde
Fertigstellen: etwa 10 Minuten

Ein wunderbar altmodisches Dessert, dessen Wiederentdeckung sich lohnt! Es kann auch mit Erdbeeren zubereitet werden.

1½ dl Wasser (1)
2 Esslöffel Butter
¼ Teelöffel Salz
1 gehäufter Esslöffel Zucker
1 Päckchen Bourbon Vanillezucker
60 g Hartweizengriess
1 Ei
750 g Himbeeren
8 Esslöffel Himbeersirup
Saft von ½ Zitrone
2½ dl Wasser (2)

1 Wasser (1), Butter, Salz, Zucker und Vanillezucker aufkochen. Griess unter Rühren einrieseln lassen und die Masse so lange kräftig schlagen, bis sie sich als Kloss vom Pfannenboden löst. Vom Feuer nehmen.

2 Das Ei sehr gut verquirlen, dann unter die noch heisse Griessmasse rühren. Mindestens 1 Stunde, besser aber länger kalt stellen.

3 500 g Himbeeren mit dem Himbeersirup und dem Zitronensaft pürieren. Durch ein Sieb streichen, um die Kerne zu entfernen. Mit dem Wasser (2) verdünnen und nach Belieben nachsüssen. Kalt stellen.

4 In einer grossen Pfanne reichlich Wasser mit wenig Salz aufkochen. Von der kalten Griessmasse mit zwei Teelöffeln, die man immer wieder ins leicht kochende Wasser taucht, kleine Klösschen abstechen und ins Wasser gleiten lassen. Auf kleinstem Feuer etwa 5 Minuten gar ziehen, mit einer Schaumkelle herausheben, gut abtropfen und abkühlen lassen.

5 Die Himbeersuppe in vorgekühlte Suppenteller anrichten. Die restlichen Himbeeren sowie die Griessklösschen dekorativ darauf verteilen.

Rhabarber-Götterspeise

Ergibt 6 Portionen
Zubereiten: etwa 40 Minuten (ohne Auskühlen)
Kühl stellen: mindestens 2 Stunden

Kompott:
800 g Rhabarber
100 g Erdbeerkonfitüre oder -guss
evtl. wenig Zucker

Vanillecreme:
6 dl Milch
1 Vanillestengel
1 gehäufter Esslöffel Maizena
2 Eier

Zum Fertigstellen:
100 g Zwieback oder Löffelbiskuits

Ein richtig altmodisches Dessert – aber immer noch unschlagbar gut. Viele mögen es am liebsten mit Rhabarber zubereitet, wie in diesem Rezept. Aber man kann die Götterspeise auch mit Erdbeeren, gemischten Beeren, Aprikosen- oder Zwetschgenkompott zubereiten.

1 Den Rhabarber rüsten und in kleine Stücke schneiden. Zusammen mit der Erdbeerkonfitüre oder dem Erdbeerguss in eine Pfanne geben. Zugedeckt langsam aufkochen und knapp weich garen. Je nach Säuregehalt des Rhabarbers muss eventuell am Schluss noch etwas Zucker beigefügt werden. Auskühlen lassen.

2 Für die Creme 5 dl Milch in eine Pfanne geben. Vanillestengel der Länge nach aufschlitzen. Schwarzen Samen herauskratzen und mit dem Stengel zur Milch geben. Aufkochen, dann neben der Herdplatte 10 Minuten ziehen lassen. Den Stengel entfernen.

3 Das Maizena mit der restlichen Milch glattrühren. Die Eier beifügen und alles gut verquirlen. Zur Vanillemilch geben und diese unter ständigem Rühren bis vors Kochen bringen; die Creme soll leicht binden. Wichtig: Die Creme sofort in eine Schüssel umgiessen, die Oberfläche mit Klarsichtfolie decken und auskühlen lassen.

4 In eine Schüssel lagenweise den grob zerbröckelten Zwieback oder die Löffelbiskuits, das Rhabarberkompott mitsamt Saft sowie die Vanillecreme einschichten. Die Götterspeise vor dem Servieren mindestens 2 Stunden kühl stellen.

Kirschensuppe

Ergibt 6 Portionen
Zubereiten: etwa 30 Minute
Kühl stellen: etwa 2 Stunden

600 g Kirschen
1 Zimtstengel
1 Esslöffel Zitronensaft
75 g Zucker
1 Beutel Vanillepuddingpulver zum Kochen

Unsere Grossmütter haben dieses Frühsommerdessert mit Mehl gebunden, doch diese Variante stösst heutzutage kaum noch auf Begeisterung. Wer aber einmal die moderne Version mit Vanillepuddingpulver ausprobiert hat, wird das Dessert ganz bestimmt wieder in sein Repertoire aufnehmen.

1 Die Kirschen waschen, entstielen und entsteinen, dabei den Saft auffangen. Diesen mit Wasser auf 1 Liter ergänzen.

2 Die Kirschensaft-Wasser-Mischung mit dem Zimtstengel, dem Zitronensaft und dem Zucker in eine Pfanne geben, aufkochen und gut 5 Minuten kochen lassen. Dann die Kirschen beifügen und 10 Minuten vor dem Siedepunkt ziehen lassen.

3 Das Puddingpulver mit einigen Löffeln Wasser zu einem glatten Brei anrühren. Zur Kirschensuppe geben und einmal sprudelnd aufkochen. Dann sofort vom Feuer nehmen und auskühlen lassen.

Nach Belieben die Kirschensuppe vor dem Servieren mit Rahm garnieren.

Ofenäpfel mit Vanilleglace

Für 4 Personen

Vorbereiten: etwa 15 Minuten
Backen: 20–25 Minuten

75 g Baumnusskerne
50 g Orangeat
50 g geschälte gemahlene Mandeln
2 Esslöffel Honig
2 Esslöffel Rahm
4 grosse Äpfel
Saft von 1 Zitrone
2 dl Apfelwein oder Süssmost
4 Kugeln Vanilleglace

Rezepte für gefüllte und gebackene Äpfel gibt es fast so viele wie Köchinnen. In dieser Variante werden sie in Hälften geschnitten mit Baumnüssen, Mandeln, Orangeat, Honig und Rahm gefüllt und in Apfelwein geschmort.

1 Die Baumnüsse grob, das Orangeat fein hacken. Mit den Mandeln, dem Honig und dem Rahm mischen.

2 Die Äpfel schälen, halbieren und das Kerngehäuse mit einem Kugelausstecher oder scharfkantigen Löffel grosszügig entfernen, so dass eine Höhlung entsteht. Die Apfelhälften mit Zitronensaft bestreichen. Die Nussmasse bergartig einfüllen und die Äpfel in eine Gratinform setzen. Mit Apfelwein oder Süssmost umgiessen.

3 Die Äpfel im auf 220 Grad vorgeheizten Ofen auf der zweituntersten Rille je nach Grösse und Sorte 20–25 Minuten backen. Regelmässig mit Jus beträufeln.

4 Die Äpfel auf Tellern anrichten und heiss mit Vanilleglace servieren.

Öppis Süesses für de Gluscht

Apfelmuscreme mit Mandelkrokant

Ergibt 6–8 Portionen
Zubereiten: etwa 25 Minuten
(ohne Auskühlen)

1 kg Äpfel
1 dl Apfelsaft oder Wasser
Saft von 1 Zitrone
80 g Zucker
2½ dl Rahm
Krokant:
100 g Zucker
100 g Mandelstifte

Dieses unkomplizierte Dessert gibt nicht viel Arbeit und kann gut vorbereitet werden, sollte aber immer erst unmittelbar vor dem Servieren mit den Zuckermandeln angerichtet werden, sonst verlieren diese ihre Knusprigkeit.

1 Die Äpfel schälen, vierteln, das Kerngehäuse entfernen und die Früchte in Schnitze schneiden. Mit dem Apfelsaft oder Wasser sowie dem Zitronensaft in eine weite Pfanne geben. Den Zucker darüberstreuen. Die Äpfel zugedeckt so lange kochen, bis sie so weich sind, dass sie zerfallen. Vom Feuer nehmen. Mit einem Schwingbesen kräftig durchrühren. Auskühlen lassen.

2 Den Rahm steif schlagen und unter das Apfelmus ziehen. Je nach Süsse der Äpfel die Creme wenn nötig leicht nachzuckern.

3 Für den Krokant ein kleines Backblech oder ein Stück Alufolie leicht bebuttern.

4 In einer Pfanne den Zucker zu hellbraunem Caramel schmelzen. Die Mandelstifte beifügen und alles gut mischen. Sofort auf das vorbereitete Blech oder die Alufolie schütten. Auskühlen lassen.

5 Die Zuckermandeln in einen Plastikbeutel geben und mit dem Wallholz nicht zu fein zerschlagen.

6 Die Apfelmuscreme in Dessertschalen anrichten und den Krokant darüber verteilen. Sofort servieren.

Öppis Süesses für de Gluscht

Rhabarbergratin

Für dieses Dessert wird in Stücke geschnittener Rhabarber mit Mandelstreuseln im Ofen langsam gebacken. Es schmeckt am besten lauwarm serviert, zusammen vielleicht mit einer Vanillesauce oder flaumig geschlagenem Vanillerahm.

Ergibt 4 Portionen
Vorbereiten: etwa 15 Minuten
Backen: etwa 30 Minuten

- 500 g Rhabarber
- 4 Esslöffel Zucker (1)
- 80 g gemahlene Mandeln
- 2 Esslöffel Mehl
- 2 Esslöffel Zucker (2)
- ½ Teelöffel Zimt
- 50 g flüssige Butter

1 Den Rhabarber rüsten und in Stücke schneiden. In vier ausgebutterte Portionenformen oder eine grosse Gratinform verteilen. Mit dem Zucker (1) bestreuen.

2 Mandeln, Mehl, Zucker (2) und Zimt mischen. Die flüssige Butter beifügen und alles zu einer bröseligen Masse mischen. Über den Rhabarber verteilen.

3 Den Rhabarbergratin im auf 200 Grad vorgeheizten Ofen auf der mittleren Rille während etwa 30 Minuten überbacken. Lauwarm servieren.

Tip

Nach Belieben kann man den Rhabarber mit halbierten oder geviertelten Erdbeeren mischen.

Eierrösti mit Rhabarberkompott

Altbackenes Brot war für unsere Grossmütter die Gelegenheit, eines der vielen süssen oder pikanten Brotgerichte herzustellen. Zu den beliebtesten gehörte die Eierrösti, in Butter geröstete Brotwürfel, die mit einem süssen Eierguss gebraten werden. Anstelle von Rhabarberkompott kann man auch Apfel-, Aprikosen- oder Zwetschgenkompott dazu servieren.

Für 4 Personen als süsse Mahlzeit
Kompott: etwa 10 Minuten
Eierrösti: etwa 30 Minuten

Kompott:
600 g Rhabarber
1 dl Rotwein
1 Zimtstengel
80–100 g Zucker

Eierrösti:
2½ dl Milch
1 Zimtstengel
300 g altbackenes Weissbrot oder Weggli
50 g Butter
2 Esslöffel Zimtzucker
4 Eier
1 Prise Salz

1 Den Rhabarber rüsten und in Stücke schneiden. Mit dem Rotwein, dem Zimtstengel und dem Zucker in eine Pfanne geben. Zugedeckt so lange kochen lassen, bis der Rhabarber zerfällt. Den Zimtstengel entfernen.

2 Für die Eierrösti die Milch mit dem Zimtstengel in eine Pfanne geben und aufkochen. Vom Feuer nehmen und 10 Minuten ziehen lassen. Den Zimtstengel entfernen.

3 Brot oder Weggli in Würfel schneiden. Mit der Zimtmilch beträufeln. Kurz ziehen lassen.

4 Die Butter in einer grossen Bratpfanne schmelzen. Die Brotwürfel darin rundum goldbraun backen. Mit dem Zimtzucker bestreuen.

5 Die Eier und das Salz verrühren und über die gebratenen Brotwürfel geben. Unter Rühren stocken lassen; die Masse sollte noch leicht feucht sein. Anrichten und mit dem noch lauwarmen Kompott servieren. Nach Belieben mit Zimtzucker bestreuen.

Öppis Süesses für de Gluscht

Mandelpudding

Dieser zartschmelzende Pudding wird auch Blanc manger genannt und ist wohl eine der ältesten Dessertspezialitäten überhaupt. Seine Zubereitung ist kinderleicht, obwohl er nach Dreisterneküche schmeckt!

Ergibt 5–6 Portionen
Vorbereiten: etwa 20 Minuten (ohne Auskühlen)
Kühl stellen: mindestens 3 Stunden

- 100 g gemahlene Mandeln
- 5 dl Milch
- 50 g Zucker
- ½ Teelöffel Vanillezucker
- 5 Blatt Gelatine
- 2 dl Rahm
- 3 Tropfen Bittermandelöl

1 Mandeln, Milch, Zucker und Vanillezucker in eine Pfanne geben und aufkochen. Vom Feuer nehmen und 10 Minuten ziehen lassen.

2 Die Mandelmilch durch ein feines Sieb giessen; die Rückstände gut auspressen. Die Flüssigkeit wenn nötig wieder mit Milch auf 5 dl ergänzen und in die ausgespülte Pfanne zurückgeben. Aufkochen und vom Feuer nehmen.

3 Die Gelatine in kaltem Wasser einweichen, bis sie zusammengefallen ist. Ausdrücken und in der noch heissen Mandelmilch auflösen. Kühl stellen, bis die Milch dem Rand entlang zu gelieren beginnt.

4 Den Rahm steif schlagen und mit dem Bittermandelöl aromatisieren. Unter die Creme ziehen und diese in kalt ausgespülte Puddingformen füllen. Mindestens 3 Stunden kühl stellen.

5 Zum Servieren die Förmchen kurz in heisses Wasser stellen, den Rand mit den Fingern lösen und die Puddinge auf Teller stürzen. Nach Belieben mit einer Fruchtsauce (z.B. aus Himbeeren, Erdbeeren, Aprikosen, Pfirsichen oder Mango), einem Kirschenkompott oder frischen Erdbeeren servieren.

Glacegugelhopf mit Himbeersauce

Ergibt 12–16 Portionen

Zubereiten: etwa 40 Minuten (ohne Auskühlen)
Vorgefrieren: etwa 45 Minuten
Gefrieren: mindestens 4 Stunden

- 7½ dl Rahm
- 1 Vanillestengel
- 5 Eigelb
- 150 g Zucker
- 1 Päckchen Bourbon Vanillezucker
- 3 Eiweiss
- 150 g dunkle Schokolade

Himbeersauce:
- ca. 750 g Himbeeren
- 4–5 Esslöffel Zucker
- Saft von 1 Zitrone

1 Den Rahm in ein Pfännchen geben. Den Vanillestengel der Länge nach aufschlitzen und mit den herausgekratzten Samen beifügen. Den Rahm unter Rühren aufkochen. Pfanne vom Feuer nehmen und 10 Minuten ziehen lassen.

2 Inzwischen Eigelb, 100 g Zucker sowie Vanillezucker zu einer hellen, dicklichen Creme aufschlagen.

3 Rahm nochmals aufkochen und Vanillestengel entfernen. Den kochendheissen Rahm unter kräftigem Rühren zur Eicreme giessen. Diese in die Pfanne zurückgeben und unter Rühren nochmals erhitzen, bis die Creme leicht bindet; sie darf jedoch nicht kochen, sonst gerinnen die Eigelb. Die Creme sofort in eine Schüssel umgiessen. In einem Eiswasserbad kalt rühren.

4 Die Eiweiss steif schlagen. Unter Weiterrühren löffelweise den restlichen Zucker (50 g) beifügen; es soll eine schneeweisse, glänzende Masse entstehen. Diese sorgfältig in zwei Portionen mit dem Schwingbesen unter die Rahmcreme rühren.

5 Die Schüssel mit der Creme während etwa 45 Minuten in den Tiefkühler stellen, dabei 2- bis 3mal mit dem Schwingbesen gut durchrühren.

6 Die Schokolade grob hacken. Unter die leicht angefrorene Glacemasse ziehen und diese in eine grosse Gugelhopfform füllen. Im Tiefkühler mindestens 4 Stunden gefrieren lassen.

7 Für die Sauce die Himbeeren mit dem Zucker und dem Zitronensaft im Mixer oder mit dem Stabmixer pürieren. Durch ein Sieb streichen, um die Kerne zu entfernen.

8 Die Form kurz in heisses Wasser stellen, dann den Glacegugelhopf auf eine Platte stürzen. Die Himbeersauce separat dazu servieren.

Nidletäfeli
Rezept auf Seite 175

Rezeptverzeichnis
Register

Register

A

Älplersuppe 31
Äpfel, Ofen- mit Vanilleglace 162
Äpfel, Süssmostcreme mit gefüllten 158
Apfel-Quark-Kuchen 151
Apfel-Rotkabis-Salat 12
Apfelmuscreme mit Mandelkrokant 163
Auflauf, Omeletten-Gemüse- 137
Auflauf, Greyerzer Lauch- 136

B

Balleronkörbchen 84
Biersauce, Saftplätzli in 76
Birnenkuchen 149
Blumenkohl an Kräuter-Käse-Sauce 130
Blumenkohlgratin 128
Bouillon mit dreifarbigem Eierstich 32
Brätbraten 88
Braten, Schweinshals- 96
Braten, Marinierter Hohrücken- 74
Braten, Rinds- mit Steinpilzen 80
Braten, Schweinsfilet- im Wirz 103
Braten, Knoblauch-Rinds- 78
Braten, Hack- 90
Braten, Brät- 88
Braten, Kotelettbraten mit Fenchel 102
Brätkügelchen, Rot-grüne 89
Brätmantel, Zungenwurst im 86
Brombeer-Rahm-Kuchen 147
Brotsuppe, Grossmutters 24
Bündner Hirsesuppe 25
Butter, Pochierte Saiblinge mit Schalotten- 62

C

Cake, Haselnuss- 153
Cervelat-Kartoffel-Küchlein 84
Cervelats, Zigeuner- 87
Chicorée mit Schinken an Käsesauce 123
Chicoréeschiffchen mit Hackfleisch 122
Cholera, Gomser 51
Chüngeli-Topf 92
Cordon bleu à ma façon 117
Creme, Süssmost- mit gefüllten Äpfeln 158
Creme, Apfelmus- mit Mandelkrokant 163
Cremesuppe, Zwiebel- 28
Croquetten, Schinken- 21
Croûtons, Kartoffelsuppe mit Gemüse und 33

D

Dörrbirnenfladen 146

E

Egli im Teig 64
Eglifilets Waadtländerart 66
Eglifilets an Weisswein-Kräuter-Sauce 65
Eier-Schinken-Toast 16
Eiergratin 18
Eierrösti mit Rhabarberkompott 165
Eiersalat mit Kresse und Portulak 16
Eierstich, Bouillon mit dreifarbigem 32
Emmentaler Lammvoressen 94

F

Federkohlpüree mit Speck und Zwiebeln 126
Felchen in der Folie 62
Fladen, Dörrbirnen- 146
Flan, Kirschen- 148
Fleischlos, Zwiebeltoast 8
Fleischtorte 42
Fleischvögel, Rind- an Rotweinsauce 77
Fleischvögel, Riesen- an Madeirasauce 116
Folie, Felchen in der 62
Forelle blau 70
Forellen, Ganze Lachs- mit Kräuter-Mayonnaise 68
Frühlingsgemüse, Pastetchen mit 120

G

Ganze Lachsforellen mit Kräuter-Mayonnaise 68
Ganze marinierte Kalbshaxe 112
Gebeiztes Schweinsvoressen 95
Gebratene Schwarzwurzeln 140
Gefüllte Äpfel, Süssmostcreme mit 158

Gefüllte Kalbsbrust 111
Gefüllte Tomaten mit Thon 20
Gefüllte Omelettenbeutel 37
Gefüllte Zwiebeln mit Spinat 143
Gefüllter Wirz 131
Gemüse, Kartoffelsuppe mit Croûtons und 33
Gemüse, Hechtklösschen mit 71
Gemüse-Omeletten-Auflauf 137
Geschmorte Kalbshaxe mit weissen Bohnen 113
Geschnetzelte Kalbsleber 91
Gestürzte Makkaronipastete 52
Gipfeli, Schinken- 22
Glacegugelhopf mit Himbeersauce 167
Gomser Cholera 51
Götterspeise, Rhabarber- 160
Gratin, Makkaroni- mit Quark und Schinken 38
Gratin, Greyerzer Kartoffel- 39
Gratin, Waadtländer 135
Gratin, Wirz-Kartoffel- mit Speck 134
Gratin, Mais-Spinat- 40
Gratin, Eier- 18
Gratin, Kabis- 126
Gratin, Blumenkohl- 128
Gratin, Spinat- mit Champignons 121
Gratin, Rhabarber- 164
Greyerzer Kartoffelgratin 39
Greyerzer Lauchauflauf 136
Griessschnitten, Überbackene 54
Griessklösschen, Himbeersuppe mit 159
Griesssuppe 29
Grossmamas Saftplätzli 75
Grossmutters Quarktorte 150
Grossmutters Brotsuppe 24
Grüne Spätzli an Morchelrahmsauce 41
Gugelhopf, Glace- mit Himbeersauce 167
Gugelhopf, Speck- 59
Gulasch, Kartoffel-Speck- 47

H

Hackbraten 90
Hackfleisch, Chicoréeschiffchen mit 122

Haselnusscake 153
Haxe, Geschmorte Kalbs- mit weissen Bohnen 113
Haxe, Ganze marinierte Kalbs- 112
Hechtklösschen mit Gemüse 71
Himbeersauce, Glacegugelhopf mit 167
Himbeersuppe mit Griessklösschen 159
Hirsesuppe, Bündner 25
Hohrückenbraten, Marinierter 74
Huftplätzli, Marinierte Rinds- 79
Huhn, Paprika-Nudeltopf mit 44
Huhn, Suppen- 104
Hühnerstreifen an Morchelsauce 107

J

Jus, Zander im Kräuter- 67

K

Kabis an Senfsauce 142
Kabisgratin 126
Kalbsbrust, Gefüllte 111
Kalbsbrustschnitten 114
Kalbsfiletpastete 115
Kalbshaxe, Ganze marinierte 112
Kalbshaxe, Geschmorte mit weissen Bohnen 113
Kalbskotelett, Paniertes 110
Kalbsleber, Geschnetzelte 91
Kalbsragout mit Gemüse 109
Kalbsvoressen mit Spargeln 108
Kalter Hund 152
Kaninchenschenkel mit Totentrompeten 93
Kartoffel-Cervelat-Küchlein 84
Kartoffel-Käse-Kuchen 48
Kartoffel-Quark-Tätschli 57
Kartoffel-Speck-Gulasch 47
Kartoffel-Wirz-Gratin mit Speck 134
Kartoffelgratin, Greyerzer 39
Kartoffeln, Linsen-Speck-Topf mit Würstchen und 52
Kartoffelsuppe mit Gemüse und Croûtons 33
Käse-Kartoffel-Kuchen 48
Käse-Kräuter-Sauce, Blumenkohl an 130
Käse-Wurst-Krapfen, St. Galler 50

Register

Käse-Wurst-Salat mit Rettich 14
Käsesauce, Chicorée mit Schinken an 123
Käseschnitte mit Zwiebeln 19
Kirschenflan 148
Kirschensuppe 161
Klösschen, Hecht- mit Gemüse 71
Knoblauch-Rindsbraten 78
Kompott, Eierrösti mit Rhabarber- 165
Kotelett, Paniertes Kalbs- 110
Kotelettbraten mit Fenchel 102
Koteletts, Schweins- mit Salbei und Äpfeln 101
Krapfen, St. Galler Wurst-Käse- 50
Kräuter-Käse-Sauce, Blumenkohl an 130
Kräuter-Mayonnaise, Ganze Lachsforellen mit 68
Kräuter-Weisswein-Sauce, Eglifilets an 65
Kräuterjus, Zander im 67
Kräuterrippli aus dem Ofen 97
Kräutertomaten 138
Kresse, Eiersalat mit Portulak und 16
Kuchen, Zwetschgen- 157
Kuchen, Birnen- 149
Kuchen, Apfel-Quark- 151
Kuchen, Kartoffel-Käse- 48
Kuchen, Brombeer-Rahm- 147
Küchlein, Cervelat-Kartoffel- 84
Kügelchen, Rot-grüne Brät- 89

L

Lachsforellen, Ganze mit Kräuter-Mayonnaise 68
Lachsschinken, Lauchsuppe mit 27
Lammvoressen, Emmentaler 94
Lattich im Hemd 132
Lauch-Linsen-Topf 45
Lauch-Schinken-Rollen 141
Lauchauflauf, Greyerzer 136
Lauchpapet 46
Lauchsuppe mit Lachsschinken 27
Leber, Geschnetzelte Kalbs- 91
Linsen-Lauch-Topf 45
Linsen-Speck-Topf mit Kartoffeln und Würstchen 52
Lorraine, Quiche 49

M

Madeirasauce, Riesenfleischvögel an 116
Mais-Spinat-Gratin 40
Maissuppe 29
Makkaroni-Gratin mit Quark und Schinken 38
Makkaronipastete, Gestürzte 52
Mandelkrokant, Apfelmuscreme mit 163
Mandelpudding 166
Marinierte Rindshuftplätzli 79
Marinierter Hohrückenbraten 74
Mariniertes Rindsragout 82
Mayonnaise, Ganze Lachsforellen mit Kräuter- 68
Milkenpastetli 36
Morchelrahmsauce, Grüne Spätzli an 41
Morchelsauce, Hühnerstreifen an 107

N

Nidletäfeli 175
Nudeln, Schupf- 55
Nudeltopf, Paprika- mit Huhn 44

O

Ochsenschwanzragout 83
Ofenäpfel mit Vanilleglace 162
Omeletten-Gemüse-Auflauf 137
Omelettenbeutel, Gefüllte 37
Omelettentorte 56

P

Paniertes Kalbskotelett 110
Papet, Lauch- 46
Paprika-Nudeltopf mit Huhn 44
Pastetchen mit Frühlingsgemüse 120
Pastete, Kalbsfilet- 115
Pastete, Gestürzte Makkaroni- 52
Pastetli, Milken- 36
Pilzrahmsuppe 30
Pilzschnitten 18
Pilztomaten 138
Plätzli, Grossmamas Saft- 75

Register

Plätzli, Saft- in Biersauce 76
Plätzli, Marinierte Rindshuft- 79
Pochierte Saiblinge mit Schalottenbutter 62
Portulak, Eiersalat mit Kresse und 16
Pot-au-feu «de luxe» 81
Pouletragout mit Gemüse 106
Pudding, Mandel- 166
Püree, Federkohl- mit Speck und Zwiebeln 126

Q

Quark, Makkaroni-Gratin mit Schinken und 38
Quark-Apfel-Kuchen 151
Quark-Kartoffel-Tätschli 57
Quarktorte, Grossmutters 150
Quiche Lorraine 49

R

Ragout, Ochsenschwanz- 83
Ragout, Kalbs- mit Gemüse 109
Ragout, Mariniertes Rinds- 82
Ragout, Poulet- mit Gemüse 106
Rahmsauce, Grüne Spätzli an Morchel- 41
Rahmsuppe, Pilz- 30
Randensalat auf Vorrat 11
Rettich, Wurst-Käse-Salat mit 14
Rhabarber-Götterspeise 160
Rhabarbergratin 164
Rhabarberkompott, Eierrösti mit 165
Riesenfleischvögel an Madeirasauce 116
Rindfleischvögel an Rotweinsauce 77
Rindsbraten, Knoblauch- 78
Rindsbraten mit Steinpilzen 80
Rindshuftplätzli, Marinierte 79
Rindsragout, Mariniertes 82
Rippli, Kräuter- aus dem Ofen 97
Rosenkohl-Speck-Wähe 129
Rosenkohlsalat 13
Rosenkohltopf 120
Rösti, Eier- mit Rhabarberkompott 165
Rot-grüne Brätkügelchen 89
Rotkabis-Apfel-Salat 12

Rotkrautröllchen 127
Rotweinsauce, Rindfleischvögel an 77
Rührei, Toast mit Tomaten und 8

S

Saftplätzli, Grossmamas 75
Saftplätzli in Biersauce 76
Saiblinge, Pochierte mit Schalottenbutter 62
Salat, Rosenkohl- 13
Salat, Wurst-Käse- mit Rettich 14
Salat, Zwiebel- 10
Salat, Apfel-Rotkabis- 12
Salat, Randen- auf Vorrat 11
Salat, Eier- mit Kresse und Portulak 16
Salat, Teigwaren- mit Thonsauce 15
Sauce, Kabis an Senf- 142
Sauce, Blumenkohl an Kräuter-Käse- 130
Sauce, Eglifilets an Weisswein-Kräuter- 65
Sauce, Glacegugelhopf mit Himbeer- 167
Sauce, Schweinsfiletspiesschen an Senf- 100
Sauce, Riesenfleischvögel an Madeira- 116
Sauce, Saftplätzli in Bier- 76
Sauce, Chicorée mit Schinken an Käse- 123
Sauce, Teigwarensalat mit Thon- 15
Sauce, Rindfleischvögel an Rotwein- 77
Sauce, Hühnerstreifen an Morchel- 107
Sauce, Grüne Spätzli an Morchelrahm- 41
Schalottenbutter, Pochierte Saiblinge mit 62
Schenkel, Kaninchen- mit Totentrompeten 93
Schenkeli 156
Schinken, Lauchsuppe mit Lachs- 27
Schinken, Makkaroni-Gratin mit Quark und 38
Schinken-Eier-Toast 16
Schinken-Lauch-Rollen 141
Schinken-Sulz-Terrine 23
Schinkencroquetten 21
Schinkengipfeli 22
Schnitzel, Schweins- Dragonerart 98
Schupfnudeln 55
Schwarzwurzeln, Gebratene 140
Schweinsfiletbraten im Wirz 103

Register

Schweinsfiletspiesschen an Senfsauce 100
Schweinshalsbraten 96
Schweinskoteletts mit Salbei und Äpfeln 101
Schweinsschnitzel Dragonerart 98
Schweinssteak mit Krautstiel-Rüebli-Gemüse 99
Schweinsvoressen, Gebeiztes 95
Senfsauce, Kabis an 142
Senfsauce, Schweinsfiletspiesschen an 100
Spargelsuppe 26
Spätzli, Grüne an Morchelrahmsauce 41
Speck, Wirz-Kartoffel-Gratin mit 134
Speck-Kartoffel-Gulasch 47
Speck-Linsen-Topf mit Kartoffeln und Würstchen 52
Speck-Rosenkohl-Wähe 129
Speckgugelhopf 59
Speckwaffeln 58
Spiesschen, Schweinsfilet- an Senfsauce 100
Spinat, Gefüllte Zwiebeln mit 143
Spinat-Mais-Gratin 40
Spinatgratin mit Champignons 121
St. Galler Wurst-Käse-Krapfen 50
Steak, Schweins- mit Krautstiel-Rüebli-Gemüse 99
Steinpilze, Rindsbraten mit 80
Strübli 156
Sulz-Schinken-Terrine 23
Suppe, Grossmutters Brot- 24
Suppe, Bündner Hirse- 25
Suppe, Spargel- 26
Suppe, Älpler- 31
Suppe, Lauch- mit Lachsschinken 27
Suppe, Zwiebelcreme- 28
Suppe, Pilzrahm- 30
Suppe, Griess- 29
Suppe, Kartoffel- mit Gemüse und Croûtons 33
Suppe, Mais- 29
Suppe, Kirschen- 161
Suppe, Himbeer- mit Griessklösschen 159
Suppenhuhn 104
Süssmostcreme mit gefüllten Äpfeln 158

T

Täfeli, Nidle- 175
Tätschli, Quark-Kartoffel- 57
Teig, Egli im 64
Teigwarensalat mit Thonsauce 15
Terrine, Schinken-Sulz- 23
Thon, Gefüllte Tomaten mit 20
Thonsauce, Teigwarensalat mit 15
Toast, Zwiebel- mit Speck und Käse 8
Toast, Eier-Schinken- 16
Toast mit Rührei und Tomaten 8
Tomaten, Pilz- 138
Tomaten, Gefüllte mit Thon 20
Tomaten, Kräuter- 138
Topf, Linsen-Speck- mit Kartoffeln und Würstchen 52
Topf, Paprika-Nudel- mit Huhn 44
Topf, Lauch-Linsen- 45
Torte, Grossmutters Quark- 150
Torte, Fleisch- 42
Torte, Omeletten- 56
Totentrompeten, Kaninchenschenkel mit 93

Ü

Überbackene Griessschnitten 54

V

Vanilleglace, Ofenäpfel mit 162
Voressen, Gebeiztes Schweins- 95
Voressen, Emmentaler Lamm- 94
Voressen, Kalbs- mit Spargeln 108
Vorrat, Randensalat auf 11

W

Waadtländer Gratin 135
Waadtländerart, Eglifilets 66
Waffeln, Speck- 58
Wähe, Rosenkohl-Speck- 129
Weisswein-Kräuter-Sauce, Eglifilets an 65
Wirz, Gefüllter 131
Wirz-Kartoffel-Gratin mit Speck 134

Wirzbünteli 132
Wurst, Zungen- im Brätmantel 86
Wurst-Käse-Krapfen, St. Galler 50
Wurst-Käse-Salat mit Rettich 14
Würstchen, Linsen-Speck-Topf mit Kartoffeln und 52

Z

Zander im Kräuterjus 67
Zigerkrapfen 157
Zigeuner-Cervelats 87
Zungenwurst im Brätmantel 86
Zwetschgenkuchen 157
Zwiebelcremesuppe 28
Zwiebeln, Gefüllte mit Spinat 143
Zwiebelsalat 10
Zwiebeltoast fleischlos 8
Zwiebeltoast mit Speck und Käse 8

Nidletäfeli
Abbildung Seite 168

Ergibt ca. 140 Stück
1 Liter Rahm
500 g Zucker

Will man die Nidletäfeli verschenken, kann man sie einzeln in Cellophanpapier verpacken – dies sieht besonders hübsch aus.

1. Den Rahm in eine Pfanne geben und aufkochen.

2. Sobald die Flüssigkeit steigt, den Zucker einrühren. Die Masse nun unter ständigem Rühren hellbraun kochen; dies dauert mindestens ½ Stunde.

3. Eine Form von ca. 30 x 18 cm mit Backpapier oder Alufolie auslegen und leicht bebuttern. Die Caramelmasse hineingeben. Nach etwa 10 Minuten, wenn die Masse fest zu werden beginnt, aber noch nicht hart ist, mit einem scharfen Messer in kleine vierecke schneiden.

Impressum

Copyright © 1999 by Verlag Meyer AG Zürich
Alle Rechte vorbehalten

Rezepte: Annemarie Wildeisen –
mit herzlichem Dank für die Mitarbeit und
Unterstützung des «Chuchi»-Teams

Lektorat: Toni Kaiser

Korrektorat: Georg Ludstock

Grafisches Konzept:
Leiza Matthiesen, René Hofer

Fotos: Doris und Robert Wälti-Portner

Technische Herstellung und Druck:
Meyer Druck AG Jona, CH-8640 Rapperswil

ISBN 3-907025-18-0